Luciana Ziglio

Espresso

Esercizi supplementari 1

**ALMA
Edizioni
Firenze**

Si ringrazia Albina Doliana per la preziosa collaborazione.

© 2004 Alma Edizioni - Firenze
Tutti i diritti riservati

Layout: Martin Lange
Impaginazione: Astrid Hansen, Andrea Caponecchia
Illustrazioni: ofczarek
Copertina: Sergio Segoloni
ISBN 88-86440-73-1

Printed in Italy
la Cittadina, azienda grafica – Gianico (BS)
www.lacittadina.it

Alma Edizioni
viale dei Cadorna, 44
50129 Firenze
tel ++39 055476644
fax ++39 055473531
info@almaedizioni.it
www.almaedizioni.it

Indice

Introduzione   5

Primi contatti   6

Io e gli altri   11

Buon appetito!   18

Tempo libero   24

In albergo   30

In giro per l'Italia   37

Andiamo in vacanza!   45

Sapori d'Italia   53

Vita quotidiana   60

Fare acquisti   68

Soluzioni   78

Introduzione

Questo libro degli esercizi, composto di 10 lezioni, è pensato per gli utenti di *Espresso 1*. La scansione delle attività, infatti, segue di pari passo l'andamento delle corrispondenti unità del manuale.

Funzione di queste pagine è quella di consolidare strutture e lessico appresi nel corso della corrispondente lezione di *Espresso 1* e di permettere al discente di monitorare i progressi fatti.

La tipologia degli esercizi è composita: presenta, infatti, attività di completamento, di abbinamento, di riflessione grammaticale, di trasformazione, di applicazione delle funzioni comunicative, attività con domanda-risposta, parole incrociate, compilazione di tabelle, ecc.

Questi esercizi sono pensati per un lavoro individuale e le soluzioni riportate in appendice offrono all'allievo l'opportunità di verificare l'esattezza delle sue risposte.

Si consiglia allo studente di limitarsi a svolgere gli esercizi relativi ad una certa attività del manuale (lettura, ascolto od altro) - cfr. simbolo ☜ - e di non "proseguire" a casaccio. Solo così, infatti, l'esercizio proposto può effettivamente raggiungere il suo scopo. In caso di un numero eccessivo di errori si invita il discente a ripetere quel dato argomento grammaticale e/o lessicale.

Buon lavoro e buon divertimento!

Autrice e casa editrice

Primi contatti

1 Collega le parole di sinistra con quelle di destra e ricostruisci i saluti. Poi scrivi sotto i due disegni quali saluti si usano di giorno e quali di sera.

1

n° _____   n° 1 - _____

1. Buona sera,   Franca! (a)
2. Oh, ciao   Giuseppe! (b)
3. Ciao,   signora! (c)
4. Buongiorno,   dottore! (d)

2 Completa con i verbi della lista.

2

è – mi chiamo – si chiama – sei – sono – sono – ti chiami

1. ■ Scusi, Lei come _____?

   ◆ Bertani.

   ■ Ah, anch'io _____ Bertani, Ada Bertani.

2. Ciao, _____ Sandra, e tu come _____?

3. ■ La signora Totti?

   ◆ Sì, _____ io.

4. Lei _____ il signor Franchi?

5. _____ tu Valeria Mazzini?

3 Sottolinea le parole che hanno lo stesso suono di <u>c</u>affè [k], come nell'esempio. Le iniziali delle parole rimaste danno il nome di una regione italiana.

5

spaghetti	mac<u>ch</u>ina	radicchio	ciao
zucchero	lago	chitarra	cuoco
chiave	zucchini	cuore	Monaco
prosecco	arancia		

Una regione italiana è la __ I __ I __ I __ .

4 Scrivi il nome di queste cose. Poi ordina le parole secondo i suoni, come nell'esempio.

1

[tʃ] come **ciao**	[k] come **caffè**	[dʒ] come **gelato**
cioccolata		

5 Completa le frasi con la nazionalità delle persone. Le caselle evidenziate danno il nome di un Paese dell'Europa.

7

1. Gudrun è __ __ __ __ ▮ __ __ __ __ , di Vienna.

2. Klaus, sei __ __ __ __ __ __ ▮ ? – No, vivo a Berlino ma sono di Zurigo.

3. Kate è __ ▮ __ __ __ __ __ __ __ , di New York.

4. Sei di Parigi? – Sì, sono __ __ ▮ __ __ __ __ __ .

5. Terence è __ ▮ __ __ __ __ __ , di Londra.

6. Mary è ▮ __ __ __ __ __ __ __ __ , di Dublino.

7. Sofia è __ __ __ __ __ __ __ ▮ , di Roma.

Soluzione: ▮ ▮ ▮ ▮ ▮ ▮ ▮

6 Riascolta il CD (track 6) e completa i dialoghi.

1

10

1. ● Buongiorno, _____ !
   ■ Oh, buongiorno!

2. ● _____ ti chiami?
   ■ Ornella, e tu?
   ● Federico.

3. ● _____ , Roberto.
   ■ Oh, _____ . Come va?

4. ● Lei è _____ o americano?
   ■ Io? Americano!

5. ● _____ sei?
   ■ Di Milano, e tu?
   ● Di Brescia.

6. ● Lei è il signor Frizzi?
   ■ Sì. E Lei è la signora Costanzo?
   ● Sì. _____ .
   ■ _____ .

7 Completa il cruciverba con 13 numeri (tra 0 e 20).

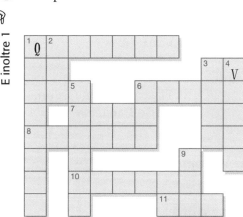

orizzontali →
1 – 6 – 7 – 8 – 10 – 11

verticali ↓
1 – 2 – 3 – 4 – 5 – 6 – 9

Ed ora scrivi i numeri in cifre.

orizzontali: 4, 7, _____

verticali: _____

1

8 Metti in ordine decrescente i seguenti numeri.

dieci, diciotto, quattro, tre, sedici, diciassette, dodici, venti, sei, quattordici, diciannove, nove, due, zero, uno, cinque, sette, otto, undici, quindici, tredici

venti _____, diciannove _____, _____,

_____, _____, _____,

_____, _____, _____,

_____, _____, _____,

_____, _____, _____,

_____, _____, zero _____

9 Qual è la reazione esatta?
Abbina le frasi.

1. Qual è il tuo indirizzo?
2. Il signor Visconti ... ?
3. Buongiorno, sono Gianna Verdi.
4. Buona sera, dottore.
5. E Lei di dov'è?

a. Ciao, Enzo.
b. Di Napoli.
c. Sono io.
d. Piacere, Luciana Fellin.
e. Corso Italia, 5.

10 Scegli la forma corretta, come nell'esempio.

1. **Hai / ho** il cellulare?
2. Scusi, qual è **il tuo / il Suo** numero di telefono?
3. Sei inglese, Tony? Sì, **sono / sei** di Londra.
4. Scusi, **Lei / tu** come si chiama?
5. Lei è **svizzero / svizzera**? No, sono tedesco.
6. **ArrivederLa / arrivederci**, dottore!

11 Abbina le frasi e completa le domande, come nell'esempio.

1. _Come_ ti chiami?   No, ho anche il cellulare! (a)
2. _____ _____ è Sandra?   Michele. (b)
3. _____ è il tuo numero   Di Perugia. (c)
   di cellulare?
4. Scusi, è _____ la signora Loren? Sì, sono io. (d)
5. Franco, _____ solo il telefono? 347 - 2745590. (e)

1

Io e gli altri

1 *Questo o questa?*

1. Quest___ è il signor Lucchetti.
2. Quest___ è la signora Doliana.
3. È quest___ Eva?
4. Quest___ è un mio amico spagnolo.
5. È quest___ il tuo indirizzo?
6. Quest___ è la mia 2ª lezione d'italiano.

2 Completa il cruciverba. Le caselle scure danno il nome di un famoso cantante italiano.

1. Come va? – _____!
2. Io non _____ il cellulare.
3. Ehi, _____ Silvio. Come stai?
4. _____ è Carlos, un mio amico spagnolo.
5. Sai, Carlos parla _____ bene l'italiano.
6. Signora Salvi, _____ presento il signor Santoro.
7. E tu non _____ lo spagnolo?

Il famoso cantante si chiama: Andrea ■■■■■■■.

3 Sottolinea la parola esatta, come nell'esempio.

1. Lei è **il signor** / **signore** Chiari?
6 2. Le presento **signor** / **il signor** Calabrese.
3. **Signor** / **il signor** Sandri, Le presento Marta.
4. Buongiorno, **dottore** / **dottor** Visconti.
5. Buonasera, **professore** / **professor**.
6. Le presento **la signora** / **signora** Vinci.
7. **Questo** / **questa** è Guido.
8. **Parlo** / **Parli** il russo?
9. **Parlo non** / **Non parlo** lo spagnolo.
10. Questa è una mia amica **greco** / **greca**.

4 Leggi questi biglietti da visita. Poi completa la tabella.

Dott. Pier Giorgio Ziglio
Medicina dello Sport

Via Bologna 280
44100 Ferrara
Tel. 0532/91533
Cell. 347/2745591

DOTT.SSA FLAVIA CAINELLI
Architetto per esterni

Via Zanardi, 1   Tel. 051-520122
40131 Bologna   Fax 051-520123

Salone di bellezza IMMAGINE
di Mariella Andrizzi
Estetista

88030 Ricadi (CZ)
Via Capo Vaticano

Banca
di Trento e Bolzano

Marco Avancini
Direttore

Filiale di Cavalese
Piazza Scopoli 1
38033 Cavalese (TN)
Tel. 0462 340189
Fax 0462 231042

	nome	cognome	città	professione
1				direttore di banca
2			Bologna	
3		Andrizzi		
4	Pier Giorgio			

5 Completa con l'articolo indeterminativo *(un, uno, un', una)*.

11
1. Lavoro in _____ scuola di lingue. E tu?
2. Questo è Jack Daly, _____ mio amico americano.
3. Io lavoro in _____ agenzia pubblicitaria.
4. Raquel lavora in _____ studio fotografico.
5. Io sono impiegata in _____ banca; Davide in _____ ufficio.

6 Completa la coniugazione del presente.

	essere	avere	lavorare	fare
io	sono			
tu			lavori	
lui, lei, Lei				
noi		abbiamo		facciamo
voi		avete		
loro		hanno		

7 Completa con *essere, fare* o *lavorare*. Abbina poi le parole di sinistra con quelle di destra e ricostruisci le frasi.

1. Carla ha 70 anni ed	a. in una scuola.
2. (Tu - fare) _____	b. ospedale.
3. (Noi - lavorare) _____	c. (essere) ____ pensionata.
4. (Io - essere) _____ impiegato in un	d. commesso.
5. Cosa (voi - fare) _____	e. insegnante.
6. (Io - fare) _____ il	f. la segretaria?
7. Stefania (fare) _____ l'	g. di bello?
8. Lisa (lavorare) _____ in	h. fabbrica.

8 Qual è la reazione esatta?
Per ogni frase sono possibili due reazioni/risposte.

12

| 2 |

| Piacere. (a) | Alma Valenti. (b) | No, in un ufficio. (c) |

| Lavoro in una fabbrica. (d) | Molto lieta. (e) | Bene, grazie. (f) |

| Sì, è insegnante. (g) | No. (h) | Non c'è male, grazie. (i) |

| Il greco. (l) | Una mia amica francese. (m) |

| Faccio l'estetista. (n) | Lo svedese. (o) | Sì, bene. (p) |

1. Come va?
2. Chi è?
3. Le presento la signora Vannucci.
4. Parli il russo?
5. Che lingue parla?
6. Lavora in una scuola?
7. Che lavoro fai?

9 Completa le parole con l'articolo determinativo e indeterminativo, come nell'esempio.

<u>lo</u> / <u>uno</u> spagnolo

_____ / _____ ufficio

_____ / _____ infermiera

_____ / _____ studente

_____ / _____ ingegnere

_____ / _____ commessa

_____ / _____ scuola

_____ / _____ radiologo

_____ / _____ / _____ insegnante

10 Che lavoro fanno?
Completa le frasi con le professioni. Le caselle evidenziate danno una nuova professione.

2

1. Sono ☐ _ _ _ _ _ _ _ _ e lavoro in un negozio di Milano.

2. Sono _ ☐ _ _ _ _ _ _ _ _ e a casa lavoro tantissimo!

3. Lavoro in un ospedale. Sono ☐ _ _ _ _ _ _.

4. Faccio l' _ _ _ ☐ _ _ _ _ _ _ _ di tedesco, lavoro in una
   scuola.

5. Sono _ _ _ ☐ _ _ _ in una fabbrica di Torino.

6. Io sono _ _ _ ☐ _ _ _ _ _ in un'agenzia pubblicitaria.

7. Faccio l' _ _ _ ☐ _ _ _ _ _ edile.

8. Lavoro in una scuola, ma non sono insegnante.
   Faccio la _ _ _ ☐ _ _ _ _ _ _.

9. Sono _ _ _ _ _ _ _ ☐ _ _ _ per interni.

Soluzione: Faccio il ☐☐☐☐☐☐☐☐☐ .

15

11 Completa le frasi con le preposizioni *a, di, in, per,* come nell'esempio.

15

1. ● Renata è _di_ Palermo?
   ■ No, abita qui _____ Palermo, ma è _____ Torino.

2. ● Qual è il tuo numero _____ telefono?
   ■ 439867.

3. ● Che lavoro fanno?
   ■ Lui insegna _____ una scuola _____ lingue e lei è impiegata _____ un'agenzia.

4. ● Jack è qui?
   ■ No, è _____ Portogallo _____ lavoro. Adesso è _____ Lisbona.

5. ● _____ dove sei?
   ■ Sono francese, _____ Parigi.
   ● Ah, e lavori qui?
   ■ Sì, _____ uno studio fotografico.

6. E voi cosa fate _____ bello? Studiate o lavorate?

7. ● Sei qui _____ Roma _____ motivi _____ lavoro?
   ■ No, no solo _____ visitare la città e anche _____ studiare l'italiano.

8. ● Sei un'amica _____ Franco?
   ■ No, sono una collega.

9. Flavia lavora _____ banca, Paolo _____ proprio.

10. Insegnante _____ figlio _____ quattro anni cerca baby sitter.

11. Studente americano cerca camera _____ famiglia _____ Firenze _____ cambio _____ conversazione _____ inglese e spagnolo.

12. Ciao! _____ presto!

12 Quanto fa?

Completa le seguenti operazioni come nell'esempio. Se le risposte sono esatte le caselle evidenziate danno il posto dove lavora il cameriere.

$$26 + 10 = \quad (+ \text{ più})$$
$$100 - 22 = \quad (- \text{ meno})$$
$$78 : 2 = \quad (: \text{ diviso})$$
$$43 \times 2 = \quad (\times \text{ per})$$

1. ventisei più dieci fa ___ ▨ _____ ▨ .

2. _____ ▨ __ ▨ ____ ▨ ___ .

3. _____ _ ▨ ____ ▨▨ ___ .

4. _____ __ ▨ _____ ▨ _ .

Soluzione: Il cameriere lavora in un ▨▨▨▨▨▨▨▨▨▨ .

13 Abbina domande e risposte.

1. Che lavoro fa?
2. Dove lavora?
3. Che lingue parla?
4. Abiti in Norvegia?
5. Parla bene il francese?
6. Come ti chiami?
7. Sei straniera, vero?
8. E Lei di dov'è?
9. Sei argentino?
10. Siete di Lione?
11. Sei qui per motivi di lavoro?
12. Quanti anni ha?

Mah, non c'è male. (a)
Il tedesco, l'inglese e un po' di portoghese. (b)
In una farmacia. (c)
No, no, sono italiana! (d)
Sono estetista. (e)
Sì, di Buenos Aires. (f)
Cecilia. (g)
Di Barcellona. (i)
Sì, a Oslo. (l)
Trentotto. (m)
No, di Marsiglia. (n)
No, sono in vacanza. (h)

2

Buon appetito!

1 Mangiare o bere? Scrivi le parole della lista nella colonna giusta e aggiungi l'articolo indeterminativo, come nell'esempio.

3

cornetto – birra – bicchiere d'acqua minerale – spremuta – tè – panino imbottito – aranciata – tramezzino – pizzetta – bicchiere di latte – toast

Se ho fame prendo ...   Se ho sete prendo ...

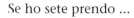
una birra

2 Che fame!! Matteo mangia sempre. Cosa mangia oggi? Completa con le forme al plurale.

Da mangiare prende tre tramezzin___, due pizz___ e due panin___

imbottiti. Da bere prende due spremut___, due cappuccin___,

tre birr___, due bicchier___ di latte e due aranciat___.

3 Cancella le parole plurali. La prima lettera delle parole rimaste dà il nome di un famoso bar di Padova.

panino	aranciate	bar	estetista
dottore	hotel	russa	toast
tè	ospedale	cappuccino	farmacie
cioccolata	ingegnere	piazze	straniere
impiegate	figli	insegnanti	scuole

Soluzione: Il famoso bar di Padova si chiama P ▢▢▢▢▢▢ H ▢ .

4 Verbi in -*are* e in -*ere*. Completa la coniugazione dei seguenti verbi. Quali persone sono uguali? Sottolinea poi la vocale con l'accento (des<u>i</u>dero).

	desiderare	prendere
io	desider**o**	prend_____
tu	desider_____	prend**i**
lui, lei, Lei	desider**a**	prend_____
noi	desider_____	prend**iamo**
voi	desider**ate**	prend_____
loro	desider_____	prend**ono**

Sono uguali la (1^a – 2^a – 3^a?) _____ persona singolare e la (1^a – 2^a – 3^a?) _____ persona plurale.

5 Completa la serie come nell'esempio. Scrivi poi qual è la "famiglia" di queste parole.

3

6

arrosto, bruschette, frutta, macedonia, peperoni, purè, risotto, tortellini, trota, pomodori ripieni

1. Insalata di mare, <u>bruschette</u>, affettati, _____

   → <u>Antipasti</u>

2. _____, braciola, _____, sogliola

   → _____

3. Panna cotta, _____, strudel, _____

   → _____

4. Lasagne, _____, _____, minestrone

   → _____

5. _____, spinaci, _____, patatine

   → _____

6 Sottolinea l'articolo esatto.

7 Una/La signora, uno/un signore ed un/un' ragazzo vanno in un/una bar. Lei prende un/uno cornetto con la/l' crema e da bere un'/un tè al latte. Il/Un signore prende uno/un tramezzino e poi ordina una/un' birra. Il/Lo ragazzo preferisce bere solo un'/una aranciata e non mangia niente.

7 Completa le frasi con i verbi al presente.

1. Oggi (io – volere) _____ andare al ristorante.

2. Giulia e Alessandro (volere) _____ mangiare un panino.

3. Massimo, da bere (preferire) _____ vino o acqua?

4. (Voi – prendere) _____ il gelato o il caffè?

5. Signora, (preferire) _____ gli affettati misti o le bruschette?

6. E il ragazzo? – Ah, lui (volere) _____ solo un primo.

7. Io (preferire) _____ bere una minerale gasata.

8. E i signori cosa (prendere) _____?

9. Il signor Pancheri non (volere) _____ il menù; (desiderare) _____ solo un primo.

10. Cosa (voi – avere) _____ oggi?

11. Davide (preferire) _____ la pasta o il riso?

12. Salvatore (mangiare) _____ volentieri in pizzeria.

13. (Noi – preferire) _____ mangiare a casa.

14. Da bere (tu – prendere) _____ una spremuta?

3

8 Completa con l'articolo determinativo, come nell'esempio.

gli antipasti   ____ bar   ____ insegnanti   ____ fragole

____ spaghetti   ____ orologi   ____ chiavi   ____ chiese

____ latte   ____ valigie   ____ vigili   ____ spumanti

____ bevande   ____ tè   ____ specialità   ____ toast

9 Scrivi il nome di questi oggetti. Poi controlla a pag. 32 del libro.

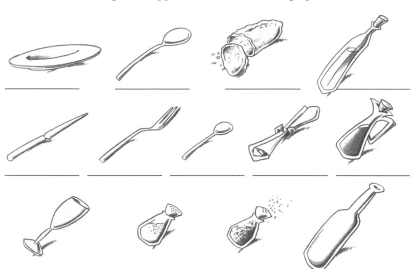

3

10 Tra cameriere e cliente.
Riordina il dialogo.

○ ● D'accordo.

○ ● Corretto?

○ ● Certo, signora. Desidera ancora qualcos'altro? Come dessert abbiamo ...

○ ● Sì, dica!

○ ■ No, grazie, va bene così. Ah, un momento, magari un caffè!

○ ■ Sì, grazie. E poi il conto, per cortesia.

① ■ Scusi!

○ ■ Mi porta ancora un po' di vino, per favore?

11 Combina i verbi con le parole di destra. Per alcuni verbi sono possibili più soluzioni.

mangiare _____

bere _____

prendere _____

portare _____

desiderare _____

preferire _____

volere _____

essere _____

a posto

un cornetto

una spremuta

d'accordo

il conto

un antipasto

12 Abbina domande e risposte.

15

1. I signori desiderano il menù ?
2. Tu cosa prendi da bere?
3. E da mangiare cosa vuoi?
4. Vuoi anche tu una minerale naturale?
5. Vuole anche un dessert?
6. Vuole prendere anche un secondo?
7. Hai tempo per cucinare stasera?

a. No, grazie, va bene così.
b. No, preferisco il vino.
c. No, devo lavorare.
d. Mah, solo un po' di pollo ai ferri.
e. Una spremuta, grazie.
f. No grazie, prendiamo solo un secondo.
g. Ma sì, magari un gelato.

13 Completa l'alfabeto.

E inoltre 2

Lettere italiane:

_a_ ___ _ci_ ___ _e_ ___ ___

acca _i_ ___ _emme_ _enne_ _o_ ___

___ _erre_ _esse_ ___ ___ ___ ___

Lettere straniere:

_____ _kappa_ _____ _____ _____

14 Trascrivi le lettere. Le parole lette di seguito danno una frase.

1. a – elle – effe – a – bi – e – ti – o   L'

2. i – ti – a – elle – i – a – enne – o   

3. acca – a

4. vi – e – enne – ti – u – enne – o   

5. elle – e – ti – ti – e – erre – e   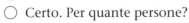 .

Soluzione: _____ .

15 Chi lo dice?
Il signore della pizzeria (P) o il cliente (C)? Completa poi il nome del cliente come nell'esempio.

Ⓟ Pizzeria Ancora, buongiorno.
○ Certo. Per quante persone?
○ Sei, forse sette.
○ Marchesoni.
○ Marchesoni. _Emme_ - _____ - _____ - _____ - _____ -

_____ - _____ - _____ - _____ - _____ - .

○ Scusi, è possibile prenotare un tavolo?
○ Come, scusi?
○ D'accordo e a che nome?
○ Sì, a più tardi. Grazie mille.
○ Va bene. Allora a più tardi.

3

Tempo libero

1 Completa il dialogo con gli elementi adatti.

● _____ fate nel _____ libero?

■ Oh, noi ____ solito _____ sport: _____ in palestra

o ____ bicicletta e giochiamo a _____. E tu?

● Io invece _____ quasi sempre a _____: _____ il

giornale, ascolto _____, _____ a lungo o _____ la TV.

2 Completa con i verbi *andare, dormire, fare, giocare, leggere, uscire, volere*.

1. Paola, _____ il giornale nel tempo libero?

2. Il giovedì Sandro _____ in palestra.

3. Il fine settimana Flavia e Andrea _____ con gli amici e

spesso _____ insieme in discoteca.

4. Eva, _____ con me stasera?

5. Voi _____ a lungo il sabato? – Noi sì, e tu cosa _____ ?

6. Stasera noi _____ a carte. _____ giocare con noi?

7. Silvio, tu _____ a tennis? – No, ma _____ in bicicletta.

3 Ricostruisci i nomi dei giorni della settimana. Poi mettili nella giusta successione, come nell'esempio.

botasa → _____ ☐

tediram → _____ ☐

ulnide → _lunedì_____ [1]

amceidon → _____ ☐

enrdvei → _____ ☐

cderlemoi   → _____ ☐

igiveod   → _____ ☐

4 Completa le frasi con gli avverbi di tempo.

1. La sera Adamo guarda la TV. (spesso)

   _____.

2. Non vado in macchina. (quasi mai)

   _____.

3. Gioco a tennis. (qualche volta)

   _____.

4. Roberta non va al cinema. (mai)

   _____.

5. Il sabato vado in bicicletta. (sempre)

   _____.

6. Pia e Paolo studiano insieme. (quasi sempre)

   _____.

7. Io faccio sport. (di solito)

   _____.

5 Forma tutte le frasi possibili.

7

	la cucina	
Mi piace	il pianoforte	italiana
Mi piacciono	viaggiare	per lavoro
Studio	matematica	perché amo l'Italia
Suono	economia	da cinque mesi
Amo	la lingua	di Ramazzotti
	fare passeggiate	da poco tempo
	gli sport	
	le canzoni	
	il basso	

25

6 Completa con le seguenti parole, come nell'esempio.

8

> a casa – ba̶l̶l̶are – di rispondere alle domande – di scrivermi –
> i testi – uno strumento – il pianoforte – il russo – in piscina –
> l'ungherese – la spesa – le e-mail – studiare – yoga

1. *Vorrei* fare una passeggiata / <u>ballare</u> / _____.

2. *Facciamo* sport / _____ / _____.

3. *Vanno* al cinema / _____ / _____.

4. *Vi prego* di studiare / _____ / _____.

5. *Suonano* il basso / _____ / _____.

6. *Leggiamo* il giornale / _____ / _____.

7. *Insegna* l'italiano / _____ / _____.

7 Leggi il dialogo.

9

● Ciao, Clara.

■ Ah, Dario, sei tu?

● Sì, senti, hai tempo domani?

■ Domani? ... No, mi dispiace esco con Giuseppe.

● Ah, e dove andate?

■ Beh, prima al cinema e poi forse anche a mangiare una pizza.
E tu?

● Beh, sai che, quando non lavoro, preferisco andare in palestra o
fare qualcosa all'aperto ... andare in bicicletta, giocare a tennis ...

■ Eh già, tu ami fare sport, io invece ...

Cosa non è vero?
Correggi le informazioni sbagliate, come nell'esempio.

Di solito Dario esce volentieri con Clara anche se non amano le
stesse attività: a lei non piace lo sport, lui invece ama il c̶a̶l̶c̶i̶o (1)
e la bicicletta.
Domani Clara esce con un'amica. Prima vanno al cinema e poi
forse in una spaghetteria. Dario non va con loro perché nel tempo
libero preferisce andare a ballare.

(1) <u>il tennis</u> ; (2) _____ ;
(3) _____ ; (4) _____

8 Ricostruisci il dialogo.

○ Beh, qualche volta andiamo al cinema oppure al ristorante.
○ Anche noi usciamo, ma non andiamo quasi mai a ballare.
○ Che cosa fai il fine settimana?
○ E allora cosa fate?
○ Mah, il sabato sera vado spesso in discoteca. E voi?

9 Ti piace?

Scrivi le domande e le risposte, come nell'esempio.

10

la musica classica → Ti piace la musica classica?
Sì, mi piace (molto / moltissimo). /
No, non mi piace (affatto / per niente).

4

1. leggere → _____?
   _____.

2. i fumetti → _____?
   _____.

3. cucinare → _____?
   _____.

4. il pesce → _____?
   _____.

5. i film gialli → _____?
   _____.

10 Completa con *a me/a te/a Lei.*

13

1. _____ non piacciono i libri di fantascienza.

2. Professore, _____ piacciono i balli sudamericani?

3. _____ piace ballare. E _____, Valeria?

4. _____ piace viaggiare, Luca, no? _____ invece no.

5. _____, Loretta, non piacciono gli spaghetti. Ma neanche a me.

6. _____ piace l'italiano, signora?

11 Forma delle frasi.

1. odia/all'/Monica/opera/andare

_____

2. la/moltissimo/lavoriamo/durante/settimana

_____

3. in/come/lavora/negozio/Lara/estetista/un

_____

4. discoteca/volentieri/vanno/giovani/i/in

_____

5. amici/esco/gli/libero/nel/tempo/solo/con

_____

6. non/sola/quasi/anch'/esco/io/mai/da

_____

12 Di chi parliamo?
Leggi le frasi e poi completa la tabella.

1. Alessandro, amico di Giovanna, ha ventott'anni.
2. Patrizia e Giovanna hanno la stessa età.
3. Mariangela non ha 18 anni.
4. ... il venerdì va sempre in palestra.
5. Lui ama molto la cucina italiana e così ...
6. Una persona ha 65 anni.

7. La ragazza di 18 anni il sabato esce con gli amici.
8. La domenica va all'opera con il figlio.
9. All'amica di Alessandro piacciono gli sport e così ...
10. Alla ragazza di diciotto anni piace leggere i gialli e i fumetti.
11. ... il giovedì va al ristorante.
12. A lei piace molto ascoltare la musica classica.

nome				
età				
quando/dove va				
hobby				

13 Completa con le preposizioni adatte.

1. Non mi piace _____ niente andare _____ opera.

2. Odio i libri _____ fantascienza, cucinare e dormire _____ lungo.

3. Studiano l'italiano _____ otto mesi.

4. Vorrei corrispondere _____ studenti italiani perché studio l'italiano _____ lavoro.

5. Vi prego _____ scrivermi.

6. Carla esce sempre _____ sola. Luisa, invece, solo _____ gli amici.

7. Il corso _____ italiano mi piace molto.

14 Che ore sono?

Scrivi i seguenti orari in ordine cronologico, come nell'esempio.

è mezzogiorno ◯ – sono le dodici meno dieci ◯ – sono le undici e un quarto ◯ – sono le undici e venticinque ◯ – è mezzanotte ◯ – sono le dodici meno venti ◯ – sono le undici e dieci ① – sono le undici e trentacinque ◯ – sono le undici e mezza ◯ – sono le undici e tre quarti ◯

4

In albergo

1 Trova le parole. Le lettere rimaste danno un'altra parola per "albergo".

parcheggiofrigobarpecucinanstripleidocciaoariacondizionatancola
zioneematrimoniali

Soluzione: ▆▆▆▆▆▆▆▆

2 Con le parole trovate sopra, ora completa gli annunci, come nell'esempio.

Villa Mary: 32 camere con bagno o _____. Tutte con TV,

telefono e _____. <u>Parcheggio</u> privato.

Residenza Miramonti: 10 camere doppie o _____, tutte

con bagno e _____.

Albergo Bellavista: 35 camere singole, doppie e _____.

_____ compresa. _____ tipica.

3 *È* o *c'è*? Completa le frasi.

1. Nel prezzo non _____ compresa la colazione.

2. Mi dispiace, qui non _____ il garage.

3. In quell'albergo _____ una singola con bagno, telefono e frigobar.

4. L'hotel _____ caro, ma tranquillo.

5. Preferisco l'albergo Santi, perché _____ possibile portare animali.

6. In camera _____ la doccia.

7. La pensione Lucia _____ in centro.

8. Qui vicino _____ un parcheggio.

4 *C'è* o *ci sono*? Forma tutte le frasi possibili.

6

In fabbrica		nuovi gusti	da vedere
In vacanza		molte lettere	da imparare
Al ristorante		molto	da scoprire
A scuola		un giornale	da completare
In discoteca		un menù	da scrivere
In ufficio	c'è/ci sono	molta musica	da ordinare
Alla radio		tanto lavoro	da leggere
A casa		molti piatti	da fare
Sul tavolo		molte attività	da studiare
Nel giornale di oggi		molti esercizi	da ascoltare
Nel libro		dieci annunci	da lavorare

5 Scrivi sotto ai disegni il vocabolo con l'articolo. Poi inserisci le parole nella lista giusta, come nell'esempio.

5

_____ _____ _____ _____ _____ _____

_____ _____ _____ _____ _____

dormire: ___il letto___, _____

viaggiare: _____

andare alla toilette: _____

fumare: _____

scrivere: _____

6 Completa la tabella.

		venire	
io			esco
tu	puoi		
lui, lei, Lei			
noi		veniamo	
voi			
loro			

7 Ricostruisci il dialogo, come nell'esempio.

- ◯ Buona sera. Senta, qui Muti. Avrei un problema.
- ◯ Certo, signora. Adesso mando subito la cameriera.
- ◯ Grazie.
- ① Reception, buona sera.
- ◯ Prego, si immagini.
- ◯ Prego e buona notte.
- ◯ Ah, ancora una cosa. Potrei avere ancora una coperta?
- ◯ Grazie ancora.
- ◯ Dica, signora.
- ◯ Qui non è possibile chiudere bene la finestra.
- ◯ Viene subito qualcuno in camera.

8 Completa la serie.

1. martedì, _____, giovedì, _____
2. maggio, _____, luglio, _____
3. domenica, sabato, _____, _____
4. dicembre, _____, ottobre, _____
5. gennaio,_____ , marzo, _____
6. _____, settimana, _____, anno
7. primo, _____, _____, quarto
8. undicesimo, _____, _____, ottavo

32

9 Completa il cruciverba con i numeri ordinali, come nell'esempio. Se le risposte sono esatte, il 5 verticale dà il nome di un famoso paese turistico delle Dolomiti.

orizzontali →

2. Vado in vacanza la _quarta (4ª)_ settimana di agosto.

3. Al _____ (7°) piano vado logicamente con l'ascensore.

4. È la mia _____ (1ª) vacanza da solo.

6. Questo è solo il mio _____ (9°) giorno di lavoro.

7. Il _____ (3°) posto letto è per il bambino.

8. È già la _____ (2ª) domanda che mi fai!

verticali ↓

1. Abito all'_____ (8°) piano di una bella casa.

2. Il _____ (5°) mese dell'anno è maggio.

10 Forma tutte le frasi possibili.

Quanti posti letto		la lavatrice?
Quanto		l'appartamento per
La matrimoniale	ci sono	una settimana?
Nell'albergo	c'è	a controllare?
Nell'appartamento	viene	nell'appartamento?
Chi	vengono	due settimane?
—		120 €.
Quando		problemi per il parcheggio?

33

11 Completa le frasi con le seguenti preposizioni (*semplici* o *articolate*), come nell'esempio.

13

preposizioni semplici: a – a – a – a – a – con – con – con – da – da – da – di – ~~di~~ – in – in – per – per

preposizioni articolate: al – al – all'– dall' – dalla – dei – nel – nel – nell' – nella – sulle

1. In agosto prendo _in_ affitto un appartamento situato _____ una zona centrale, ben arredato e _____ ogni comfort.

2. ● L'appartamento è vicino _____ mare?

   ■ Certo, è _____ 50 metri _____ acqua!

3. La casa _____ signori Gallo ha un soggiorno _____ un balcone e una grande camera _____ letto. È tutto molto bello. Il problema è che anche i padroni _____ casa abitano qui.

4. _____ dicembre _____ marzo affittiamo villa _____ vista _____ montagne.

5. _____ casa ci sono problemi _____ il parcheggio?

6. ● Posso prenotare una singola _____ tre notti?

   ■ Sì, ma solo _____ venerdì.

7. A Silvio _____ tempo libero piace dormire _____ lungo. Inoltre ama giocare _____ calcio, andare _____ palestra e qualche volta anche _____ opera e _____ cinema.

8. _____ albergo c'è il garage?

9. ● Senta, chiamo _____ camera 27. Avrei un problema. _____ bagno mancano gli asciugamani.

   ■ Mando subito qualcuno _____ controllare.

12 Una cartolina dalle vacanze. Sostituisci i numeri con le lettere (a numero uguale, lettera uguale) e completa la cartolina.

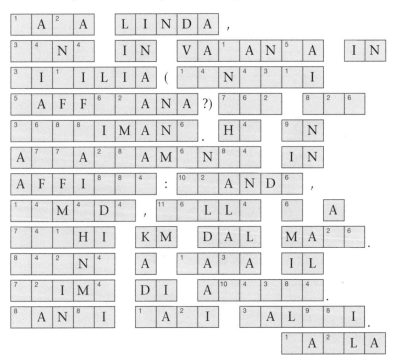

13 Con quali verbi usiamo queste parole?

a una telefonata – a una domanda – a una persona –
al cinema – bene – compere – conoscenza – d'accordo –
ginnastica – in piscina – interessati – male – musica –
tre mesi – un appartamento – una camera – una passeggiata –
una singola – una telefonata – una vacanza – vent'anni

andare	ascoltare	avere	essere
_____	_____	_____	_____
_____	_____	_____	_____
_____	_____	_____	_____
_____	_____	_____	_____

fare	prenotare	rispondere	stare
_____	_____	_____	_____
_____	_____	_____	_____
_____	_____	_____	_____
_____	_____	_____	_____

14 Completa i seguenti numeri, come nell'esempio.

E inoltre 1

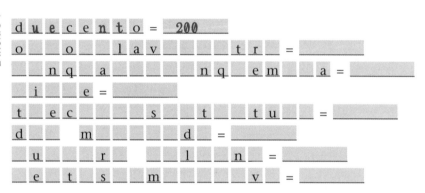

d u e c e n t o = __200__

o __ o __ l a v __ __ __ t r __ = _____

__ n q __ a __ __ __ n q __ e m __ __ a = _____

__ i __ __ e = _____

t __ e c __ __ __ __ s __ __ t __ __ t u __ __ = _____

d __ __ __ m __ __ __ __ __ d __ = _____

__ u __ __ __ __ r __ __ __ __ l __ __ n __ = _____

__ e __ t __ s __ __ m __ __ __ __ v __ = _____

15 Qual è la reazione giusta? Abbina domande e risposte.

E inoltre 3

1. Quanti ne abbiamo?
2. Conferma la prenotazione?
3. Quanto viene l'appartamento?
4. Che giorno è oggi?
5. Il villino è libero in agosto?
6. Il locale è piccolo?
7. Avete preso in affitto una camera?
8. Ci sono problemi per il parcheggio?
9. Hai un ingresso indipendente?
10. Avete il garage?

a. No, solo dal primo di settembre.

b. Sì, ma anche i padroni di casa abitano qui.

c. Giovedì.

d. Non è grande, ma molto comodo.

e. È il ventotto.

f. No, mi dispiace.

g. Sì, dal 12 al 15 maggio.

h. No, no signora.

i. In agosto € 1.300.

l. No, un appartamento.

In giro per l'Italia

1 Cosa c'è a Padova?
Cerca nello schema (sia orizzontalmente che verticalmente) altre
10 parole e evidenziale, come nell'esempio. Le lettere rimaste
danno il nome di un famoso palazzo di Padova.

2

t	d	c	h	i	e	s	e	e	l	p
e	r	i	s	t	o	r	a	n	t	i
a	l	n	e	g	o	z	i	a	r	a
t	m	e	r	c	a	t	i	a	g	z
r	b	m	p	a	l	a	z	z	i	z
i	a	a	m	u	s	e	i	i	o	e
n	r	a	l	b	e	r	g	h	i	e

Soluzione: Il palazzo ██████ ████████ (1218-1219).

2 Sottolinea la parola che si può sostituire con il *ci* locativo, come
nell'esempio. Attenzione: non sempre è possibile!

6

Padova è una bella città e io vado spesso <u>a Padova</u>.

... e io ci vado spesso.   .

1. Cosa c'è a Firenze? – A Firenze ci sono molti musei.
_____.

2. Vivete in Italia? – Sì, abitiamo in Italia da cinque anni.
_____.

3. Lavori in banca? – No, non lavoro più in banca da tre mesi.
_____.

4. Esci la sera? – Sì, a volte vado in discoteca con degli amici.
_____.

5. Quando vai in vacanza? – Vado in vacanza in agosto.
_____.

6. Vai al cinema? Vengo anch'io al cinema!
_____.

3 Unisci le parole di sinistra con quelle di destra, come nell'esempio.

1. Il signor Marra va spesso a Padova ——— diversi ristoranti e trattorie della città. (a)
2. Al signor Marra la città ⟶ perché lì ha dei clienti.(b)
3. A Padova ci sono — molte cose da vedere. (c)
4. A Padova c'è — va sempre all'albergo «Leon Bianco». (d)
5. A Padova il signor Marra — anche una famosa università. (e)
6. Il signor Marra conosce — piace molto.(f)

4 Trasforma le frasi al plurale, come nell'esempio.

Là c'è un mercato famoso. → Là ci sono dei mercati famosi.

1. È una persona interessante.

   _____.

2. Là c'è una grande piazza.

   _____.

3. In centro c'è un edificio tipico.

   _____.

4. Abbiamo un cliente francese.

   _____.

5. Là insegna un professore americano.

   _____.

6. È una zona tranquilla.

   _____.

7. Là c'è un albergo economico.

   _____.

5 Una lettera da Montepulciano

7

a. Completa con i seguenti aggettivi, come nell'esempio.

> altro – caro – grande – interessante – interessante – piccolo –
> privato – prossimo – tanto – tranquillo

Montepulciano, 29 luglio

Caro Roberto,

sono qui a Montepulciano per frequentare un corso d'italiano.

La città mi piace molto: è __piccola__, ma ci sono _____

cose _____ da vedere. E poi è anche un posto _____

perché il centro è zona pedonale. Abito presso una famiglia e così

ho la possibilità di continuare a parlare in italiano anche quando

non sono a scuola. Ho una camera _____ con un _____

balcone. Insomma, sto veramente benissimo. Anche le lezioni

sono _____ e noi impariamo molto. Dopo i corsi torno a

casa per il pranzo, faccio i compiti e poi visito la città o _____

posti nei dintorni. La sera dopo cena prendo un gelato o ascolto un

concerto in piazza. Purtroppo il corso finisce sabato _____ e

lunedì ricomincia il lavoro.

Tanti _____ saluti e ... a presto!

Michael

b. Vero o falso?

Michael ...	sì	no
1. ama stare a Montepulciano.	☐	☐
2. ha una camera in un albergo.	☐	☐
3. la mattina frequenta un corso.	☐	☐
4. va a mangiare in un ristorante.	☐	☐
5. parla in italiano solo a scuola.	☐	☐
6. ogni pomeriggio studia.	☐	☐
7. la sera a volte ascolta la musica in piazza.	☐	☐

6

6 Completa con i verbi *dovere* e *venire*.

1. ● Franco, _____ al cinema stasera?

   ■ No, stasera no, _____ studiare.

2. ● Ma perché _____ restare a casa, Luisa?

   ■ Perché stasera _____ Rita ed Elio.

3. ● Domenica _____ a ballare anche voi?

   ■ No, purtroppo _____ restare a casa.

4. ● Valentina _____ a cena stasera?

   ■ No, perché _____ finire un lavoro.

5. ● Marco _____ lavorare anche oggi?

   ■ Sì, ma dopo _____ a mangiare con noi.

6. ● Quando _____ Paolo e Flavia?

   ■ Non lo so, forse non _____ perché oggi

   _____ lavorare molto.

7 Unisci le parole di sinistra con quelle di destra e completa con il verbo *sapere*.

1. Mi scusi, mi _____ dire dov'è   i Musei Vaticani? (a)

2. Voi forse _____ a quale fermata   studiare. (b)

3. Io proprio non _____ se qui ci sono   delle cabine telefoniche. (c)

4. Franco _____ dove sono   l'università? (d)

5. Gianna, _____ quando   viene Saverio? (e)

6. Giorgia e Franco non _____ come   devo scendere? (f)

8 Cruciverba. Con l'aiuto delle seguenti sillabe completa lo schema con 8 parole della lezione 6.

10

cio – cro – da – duo – fo –
in – ma – mo – mo – na –
re – ro – ro – sa – se – stau –
stra – stra – tra – ver – zo

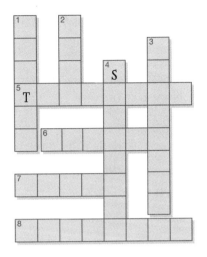

9 Preposizioni semplici (*di, a, da* ...) o articolate (*della, allo, degli* ...)? Completa i due testi.

11

Sandra è _____ fermata _____ autobus. Vuole andare _____ duomo, _____ centro, e chiede _____ un signore quale autobus deve prendere e _____ quale fermata deve scendere. Il signore non è sicuro. «Deve prendere il 12, credo, e scendere _____ terza fermata, ma è meglio se chiede ancora una volta _____ autobus».

Mario vorrebbe cenare e chiede se è ancora possibile mangiare _____ albergo. «Purtroppo no», dice la signora _____ reception, «perché _____ quest'ora la cucina è già chiusa. Ma se vuole, può andare _____ ristorante ‹Al Sole› che chiude circa _____ mezzanotte. Lei adesso esce _____ albergo, va _____ sinistra e attraversa una piazza. _____ primo semaforo gira _____ destra e lì, proprio accanto _____ teatro ‹Sociale›, c'è il ristorante».

10 *Essere* o *esserci*? Completa le frasi con il verbo opportuno.

1. Il cinema Roma _____ qui vicino, per cortesia?
2. Mi scusi, _____ una pizzeria qui vicino?
3. Non so se qui _____ un parcheggio.
4. Il parcheggio _____ davanti alla chiesa.
5. _____ delle cabine telefoniche in via Calepina?
6. _____ un film interessante stasera?
7. Le Terme di Caracalla _____ vicine a S. Pietro?

11 Qual è l'intruso?

latte – caffè – spremuta – <u>orologio</u>

1. a destra – avanti – dritto – semaforo
2. bar – teatro – ristorante – pizzeria
3. attraversare – girare – continuare – sapere
4. per favore – peccato – mi scusi – sa se

12 Guarda la cartina a pag. 63 del manuale e completa le informazioni con le seguenti espressioni. Attenzione: la stazione è il n° 6, la banca il n° 2 e l'ospedale il n° 14.

12

> a destra – Al primo, no anzi al secondo – attraversa – Continua dritto – davanti – gira a destra – gira a destra – gira a sinistra – la prima traversa – prima traversa gira a sinistra – subito a sinistra – uno... due incroci – va dritto – va fino al semaforo

1. Mi scusi, che strada devo prendere per trovare l'ospedale?
2. Scusi, come posso arrivare dall'hotel alla stazione?

1. Lei esce dalla banca e gira _____,
_____ per un po' e poi _____ una piazza.
_____ incrocio,
_____, attraversa _____ e al
terzo _____. E lì davanti trova l'ospedale.

2. Lei esce dall'albergo, va subito _____, alla
_____,
_____ e poi _____.
_____ e subito dopo _____
Lei è proprio _____ alla stazione.

13 Scegli la forma corretta.

1. (A/Alla) che ora comincia lo spettacolo? – (A/Alla) mezzanotte.
2. Scusi, chiude adesso il museo? – No, (a/al) mezzogiorno.
3. Il treno per Siena parte (a/alle) due? – No, (alle/all') una e dieci.
4. La scuola comincia (alle/all') otto.
5. Il prossimo autobus parte (a/alle) sette e un quarto.

14 Qual è il contrario?

1. Il Palazzo Ducale è vicino al parco, ma il ponte Verdi è abbastanza _____ .

2. Io vado in autobus, ma tu preferisci andare sempre _____ _____ .

3. La stazione è davanti al cinema Lux, ma la banca è _____ .

4. Bernadette va sempre in Italia in agosto, io non ci vado _____ in estate!

5. A che ora parte il treno per Roma? – Parte alle 8 e _____ alle 12.

6. Questo è l'ultimo spettacolo? – Ma no, signore, è il _____ !!!

15 È possibile?
Riguarda le immagini a pag. 66 del manuale e poi rispondi alle domande.

	sì	no
1. Sandro vuole andare in banca all'una e mezza di sabato.	☐	☐
2. Carla vuole un libro di Umberto Eco. Sono le tre di pomeriggio di una domenica.	☐	☐
3. Volete comprare l'aspirina, ma è mezzogiorno.	☐	☐
4. Volete fare benzina. Avete un po' di tempo dalle undici alle dodici.	☐	☐
5. Volete andare in libreria. Sono le dieci di sera di un venerdì.	☐	☐
6. Volete andare in banca a mezzanotte.	☐	☐
7. Volete un po' d'olio per la macchina e sono già le otto di sera. Nessun problema dalla Fina!	☐	☐
8. Il farmacista la mattina può dormire a lungo.	☐	☐

Andiamo in vacanza!

1 Di chi parliamo? Leggi le frasi 1-6, poi completa le frasi a-f con il
nome della persona giusta.

1. Luisa non sta bene.
2. Luciana ha un bambino.
3. Giovanni è sportivo e ama la montagna.
4. Anche Silvio è dinamico e sportivo.
5. Linda ama la buona cucina.
6. Maria è stressata.

a. _____ fa il giro della Lombardia in bici.

b. _____ preferisce il programma con serate gastronomiche.

c. _____ cerca solo il silenzio e la natura.

d. _____ vuole passare una settimana in un centro benessere.

e. _____ controlla se al villaggio c'è il campo giochi.

f. _____ desidera fare delle escursioni con una guida alpina.

2 *Passato prossimo* con *avere* o *essere*? Completa.

In tutta la sua vita Paolo _____ sempre viaggiato molto.

Ieri _____ partito per Venezia verso le 8 ed _____ arrivato tre ore

dopo. Prima _____ andato in albergo, poi a vedere Piazza S. Marco

dove _____ visitato la basilica, _____ fatto un po' di fotografie e

_____ mangiato qualcosa in un bar. Il pomeriggio _____ tornato in

albergo, da dove _____ telefonato a Flavia. _____ dormito un'oretta

e poi _____ uscito di nuovo per andare a vedere una mostra. Lì

_____ incontrato un'amica e _____ cenato con lei.

Flavia, invece, non ama viaggiare. La sua giornata tipica?

Quella di ieri.

Ieri Flavia _____ stata a casa da sola tutto il giorno. La mattina

_____ dormito a lungo, poi _____ ascoltato un po' di musica, _____ studiato un'oretta e a mezzogiorno _____ mangiato un panino davanti alla TV. Il pomeriggio _____ parlato al telefono con Paolo. Verso le 6 _____ uscita, _____ fatto un giro in città con un'amica e insieme _____ guardato le vetrine. Insomma, tutto il tempo senza fare niente di particolare.

3 Quando? Completa con le espressioni di tempo.

1. _____ _____ domani
2. _____ stasera stanotte
3. la mattina _____ la sera
4. prima _____

Buonanotte!

4 Completa le frasi con il *passato prossimo*.

1. Una mia amica (fare) _____ un corso di giapponese a Tokio.

2. Dopo cena Luigi e Jole (tornare) _____ a casa.

3. Anita (visitare) _____ la Chiesa di S. Marco.

4. Giovanna (andare) _____ in bicicletta tutto il giorno.

5. Valentina (lavorare) _____ come operaia per cinque anni.

6. Ieri (io – dormire) _____ molto male.

7. (Noi – preferire) _____ tornare a casa alle 8.

8. Teresa, quando (essere) _____ negli Stati Uniti?

9. (Voi – telefonare) _____ a Pia?

10. La turista (uscire) _____ dall'albergo, (attraversare) _____ una piazza, (andare) _____ ancora avanti e alla fine (trovare) _____ l'ufficio postale.

5 Completa con la parola contraria e le due forme del superlativo assoluto, secondo il modello.

8 La stanza è rumorosa?
– No no, anzi! `È molto tranquilla/tranquillissima.`

bene		centrale		lontano
	caro		intenso	
		piccolo		tardi
moderno			poco	

1. Il ristorante «Ancora» è economico? – No, anzi è

   _____ / _____!

2. La stazione degli autobus è vicina al centro, quella dei treni

   invece è _____ / _____.

3. Francesca ha comprato un appartamento grande? – Cosa dici?

   È _____ / _____!

4. Ieri sono stato proprio male, oggi invece sto davvero

   _____ / _____.

5. Ada non abita in un palazzo antico! Vive in una casa

   _____ / _____.

6. Sono partiti presto? – Ma no, anzi! Sono partiti

   _____ / _____

7. No, non abitano in una zona periferica. Al contrario! In un

   quartiere _____ / _____.

8. Non ha lavorato molto, al contrario! Oggi ha lavorato

   _____ / _____!

9. Lui ha passato una giornata tranquillissima, lei invece

   _____ / _____.

6 Abbina le frasi 1-7 con quelle a-g e completa con il *passato prossimo* dei seguenti verbi.

andare – avere – essere – fare – leggere – mettere – parlare – passare – prendere – rimanere – uscire – vedere – venire

1. Sandro _____ in macchina in Sardegna
2. Luca oggi _____ colazione
3. Rita _____ a casa tutto il giorno
4. Prima (loro) _____ il giornale
5. (Noi) _____ una giornata molto intensa:
6. Signora, cosa _____
7. Eva e Pia _____ a casa mia

(a) e poi _____ di casa.

(b) non _____ un momento libero.

(c) dove _____ in affitto un appartamento molto carino.

(d) e insieme _____ tutto il pomeriggio.

(e) quando _____ in Sicilia?

(f) in un bar del centro.

(g) e _____ in ordine l'appartamento.

7 Trasforma questo curriculum al *passato prossimo* e aggiungi le preposizioni, come nell'esempio.

ottobre 1946	nasce a Genova
1952-1964	frequenta la scuola
luglio 1964	prende il diploma
ottobre 1964	comincia l'università
settembre 1968	conosce Dario
1969	nasce Giacomo
1970	arriva Valeria
	rimane a casa
1986	riprende gli studi

Alberta <u>è nata</u> a Genova <u>nell'</u> ottobre 1946. <u>Dal</u> _____

_____. ____ luglio 1964

_____ il diploma e nello stesso anno _____

_____, ma _____ 1968

_____ Dario. L'anno dopo _____

_____, _____ 1970 _____ e così

Alberta da allora _____.

Dopo 16 anni, però, _____

e oggi è una brava professoressa d'italiano.

8 Con o senza articolo? Scegli la forma corretta.

1. Allora, sei tornata al lago anche (domenica / la domenica)?
2. Sono rimasto a casa quasi tutta (sera / la sera).
3. Sono stato a Zurigo per (fine settimana / il fine settimana).
4. Siamo state tutto (tempo / il tempo) a casa a studiare.
5. (Venerdì / il venerdì) vieni a casa mia?
6. Durante la settimana studio, ma (sabato / il sabato) voglio uscire.
7. (Mercoledì scorso / il mercoledì scorso) siamo stati a scuola anche il pomeriggio.

9 Metti i seguenti avverbi di tempo in ordine cronologico, come nell'esempio.

12
domani a mezzanotte ○
la settimana scorsa ○
l'altro ieri ○
stamattina ○
ieri ○
domani mattina ○
oggi a mezzogiorno ○

l'anno prossimo ○
questo pomeriggio ○
un anno fa ①
il mese scorso ○
stasera ○
tre mesi fa ○

10 Che preposizione manca?

1. Ieri ho fatto un giro _____ bici. È bello fare qualcosa _____ il proprio corpo!

2. Abbiamo passato una settimana _____ assoluto relax, _____ un albergo _____ gestione familiare.

3. Puoi fare una settimana _____ un centro benessere o _____ scelta un corso _____ cucina.

4. È vero che sei salito _____ vulcano e hai dormito _____ aperto? E poi dici che non fai mai niente _____ particolare??

5. Ma quando siete andati _____ montagna _____ sciare?

6. Ieri ho dormito fino _____ tardi, come _____ solito.

7. Hai già parlato _____ telefono _____ Sandra?

8. _____ solito _____ agosto vado _____ mare. Quest'anno però sono rimasto _____ casa.

9. _____ che ora hai detto che devi tornare _____ lavoro? _____ una?

11 Completa con *qualche* o con il partitivo, come nell'esempio. Attenzione ai verbi e agli aggettivi!

Abbiamo comprato _qualche_ bottiglia di vino.

Abbiamo comprato _delle bottiglie_ di vino.

1. Ieri c'è stato _____ intenso temporale.

   Ieri _____ .

2. Conoscete _____ alberghi non troppo cari a Palermo?

   Conoscete _____ a Palermo?

3. C'è ancora _____ nuvola, però ....

   _____ , però ...

4. C'è stata _____ persona che mi ha cercato?

   _____ che mi

   _____?

5. _____ volta non capisce niente.

   _____ non capisce niente.

6. Conosci _____ trattoria tipica qui?

   Conosci _____ qui?

7. Hai visitato _____ chiese antiche a Roma?

   Hai visitato _____ a Roma?

8. E lì avete visto anche _____ palazzi medioevali?

   E lì avete visto anche _____ ?

9. Avete _____ idea particolare?

   Avete _____ ?

10. Ultimamente hai visto _____ film interessante?

    Ultimamente hai visto _____ ?

12 Completa il cruciverba. Le caselle scure danno un'espressione italiana.

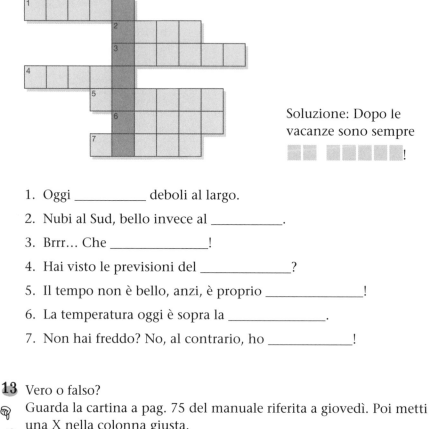

Soluzione: Dopo le vacanze sono sempre

■■ ■■■■■!

1. Oggi _____ deboli al largo.
2. Nubi al Sud, bello invece al _____.
3. Brrr... Che _____!
4. Hai visto le previsioni del _____?
5. Il tempo non è bello, anzi, è proprio _____!
6. La temperatura oggi è sopra la _____.
7. Non hai freddo? No, al contrario, ho _____!

13 Vero o falso?

Guarda la cartina a pag. 75 del manuale riferita a giovedì. Poi metti una X nella colonna giusta.

	sì	no	forse
1. Sulle Alpi piove.	☐	☐	☐
2. Mari quasi calmi.	☐	☐	☐
3. Temperatura sopra la media.	☐	☐	☐
4. Temporali sulla Sicilia.	☐	☐	☐
5. Brezze sulle coste del Centrosud.	☐	☐	☐
6. Sole quasi ovunque.	☐	☐	☐
7. Nuvole sulla Toscana.	☐	☐	☐
8. Molto caldo a Est.	☐	☐	☐

E inoltre 3

7

Sapori d'Italia

1

1 In questo schema sono nascosti i nomi di 11 prodotti alimentari.
Trova i nomi, come nell'esempio. Le lettere rimaste, lette nell'ordine,
danno un augurio usato a tavola e la corrispondente risposta.

b	p	r	o	s	c	i	u	t	t	o
p	e	s	c	e	u	o	v	a	u	o
s	s	b	u	r	r	o	n	a	p	p
a	c	i	p	o	l	l	a	e	t	i
l	h	f	o	r	m	a	g	g	i	o
a	e	t	l	m	i	e	l	e	o	g
m	r	a	l	z	i	e	i	a	l	t
e	r	e	o	t	t	a	o	n	t	o

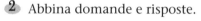

Soluzione: « ▧▧▧▧ ▧▧▧▧▧▧▧▧ !»

« ▧▧▧▧▧▧▧ ▧▧▧▧▧▧▧▧▧▧▧ !»

8

2 Abbina domande e risposte.

4

1. Conoscete quei ragazzi là?
2. Perché non esci mai con Carlo?
3. Leggi molti libri?
4. Prendi sempre così tanto pane?
5. Leggete il giornale?
6. Quando vedi Federica e Valentina?
7. Hai ascoltato il giornale radio stamattina?

a. Chiaro! Lo compriamo ogni mattina.
b. Eh, sì. Pensa che ieri ne ho comprati due chili!
c. No, in questi giorni non ho tempo. Non lo sento da ieri.
d. Lo odio! È noioso e fuma pure.
e. Sì, frequentano il corso d'italiano con noi. Li conosciamo molto bene.
f. Di solito sì. E li leggo volentieri in biblioteca.
g. Mah, le vorrei incontrare domani.

3 Che fame!
Completa i minidialoghi con i pronomi *lo, la, li, le, ne*.

1. ● Vorrei della carne macinata.

   ■ ____ preferisce di maiale o di vitello?

2. ● E poi del prosciutto cotto, per cortesia.

   ■ Quanto ____ vuole?

3. ● Un pezzo di parmigiano, per piacere.

   ■ ____ vuole fresco o stagionato?

4. ● Belle queste fragole. ____ posso prendere una?

   ■ Certo, signora, prego.

5. ● Ha del pecorino?

   ■ Certo. ____ ho uno veramente splendido. ____ vuole assaggiare*?

6. ● Otto peperoni, per piacere.

   ■ Come ____ vuole? Verdi o rossi?

7. ● Compri tu le lasagne?

   ■ D'accordo. ____ vuoi fresche o dal freezer?

li

lo

la   le

ne

*assaggiare = provare

4 Unisci le parole di sinistra con quelle di destra.

1. Il caffè   a. non lo prendo mai, perché è sempre pieno.
2. L'autobus   b. la bevo solo in estate.
3. La birra   c. li trovo troppo cari.
4. Le vacanze   d. le scrivo sempre con il computer.
5. Gli affitti   e. li compro solo via Internet.
6. Le lettere   f. lo bevo solo freddo.
7. I libri   g. le passo sempre in montagna.

8

5 Completa con i pronomi.

1. La macchina _____ prendo ogni giorno.

2. Vede la piazza? Bene, _____ attraversa e poi gira a destra.

3. Scusi, dov'è Palazzo Ducale? – Mi dispiace, non _____ so.

4. Adesso deve attraversare il ponte. _____ vede?

5. Lei deve prendere il 12. _____ deve prendere vicino alla stazione.

6. Le tagliatelle sono molto buone. _____ vuole un piatto?

7. Ha molti clienti a Padova? – Sì, _____ ho tanti lì.

8. Amo andare alle mostre e _____ visito volentieri da sola.

9. La sera mi piace fare una passeggiata. Di solito _____ faccio per le strade del centro.

10. La scorsa settimana sono stato a Bologna e _____ ho visitato anche i dintorni.

6 Conosci questi piatti italiani?
Completa con il partitivo (del, della, dei ...).

5

1. Per fare **il tiramisù** dovete comprare _____ biscotti, _____ mascarpone*, _____ uova, _____ caffè e _____ zucchero.

2. Per **il pinzimonio** prendete _____ verdure fresche, _____ olio d'oliva, _____ aceto, _____ sale e _____ pepe.

3. Per **il carpaccio** dovete prendere _____ vitello crudo, _____ parmigiano, _____ olio d'oliva, _____ sale, _____ pepe e _____ limone.

* il mascarpone = un formaggio di tutta crema

8

7 Chi lo dice? Il commesso o il/la cliente?

7

	commesso	cliente
1. Lo posso assaggiare?	☐	☐
2. Va bene lo stesso?	☐	☐
3. No, un po' di più, per favore.	☐	☐
4. Ancora qualcos'altro?	☐	☐
5. Ne vorrei mezzo chilo.	☐	☐
6. Lo può affettare molto sottile?	☐	☐
7. Fresco o a lunga conservazione?	☐	☐
8. No, no, anzi è molto stagionato.	☐	☐
9. Ma sono freschi?	☐	☐

8 In altre parole. Sostituisci le parole sottolineate con le seguenti.
Attenzione agli aggettivi e a coniugare i verbi!

11

preferito – cominciare – lavori – più tardi –
aiutare – essere molte – comprare – vivace

1. Carpaneto ospita un mercato grande e **animato**.

_____

2. Le attrattive per venire da queste parti **non mancano**.

_____

3. Durante la settimana ho altre **attività**.

_____

4. Prima si fa la pasta in casa e **dopo** si vende ai clienti.

_____

5. La gente **acquista** volentieri la pasta tipica regionale.

_____

6. La giornata di Lucia Lucchini **ha inizio** alle 7 di mattina.

_____

7. Anche il marito, quando non lavora, va a **dare una mano**.

_____

8. Il prodotto **più richiesto** sono i tortelli con ricotta.

_____

9 Completa le frasi con il *si* impersonale e i verbi seguenti. Prova poi a dire se le frasi sono vere o false.

mangiare – parlare – bere – vendere – potere	sì	no

1. Dopo cena in Italia _____ spesso un cappuccino. □ □
2. I vini bianchi di solito non _____ con la carne. □ □
3. Gli spaghetti _____ sempre come primo piatto. □ □
4. A colazione in Italia spesso _____ solo un cornetto. □ □
5. In Italia il prosciutto non _____ in macelleria. □ □
6. In molte zone d'Italia _____ prodotti tipici regionali. □ □
7. In Lombardia _____ due lingue: l'italiano
   e lo spagnolo. □ □
8. In Italia _____ anche il tedesco. □ □
9. I prodotti biologici _____ acquistare anche
   al supermercato. □ □
10. La pizza al taglio _____ comprare spesso anche
   per strada. □ □

10 Completa con le seguenti parole.

14

aglio – sedano – latte – uova – pizza al taglio – pelati – rosso – salame – spaghetti – patate – maionese

1. Una scatola di _____
2. Uno spicchio di _____
3. Un pacco di _____
4. Una costa di _____
5. Un bicchiere di _____
6. Un vasetto di _____

7. Un litro di _____

8. Un pezzo di _____

9. Un chilo di _____

10. Un etto di _____

11. Tre _____

11 Come si fa il "sugo alla rucola di Robertino"?
Completa con i seguenti verbi.

> aggiungere – evaporare – mescolare – pepare – preparare –
> rosolare – tagliare – versare

Ingredienti per 3-4 persone: 1-2 spicchi d'aglio, 1 cipolla piccola,
½ confezione di rucola*, vino bianco, sale e pepe, olio d' oliva.

_____ a pezzettini molto piccoli la cipolla e l'aglio.

Farli_____ un po' nell'olio a fuoco basso. Dopo circa

5 minuti _____ mezzo bicchiere di vino bianco e farlo

_____. _____ poi circa 2 etti e mezzo di

rucola, _____ bene, salare e _____.

Questo sugo si può usare per il risotto, per _____ una

minestra e anche per la pasta (in questo ultimo caso aggiungere un

peperoncino e 5 cucchiai di pomodori pelati).

Buon appetito da Robertino Guerrini!

la rucola* = erba con foglie aromatiche

12 Scrivi i nome dei prodotti. Alla fine le caselle grigie danno un proverbio italiano.

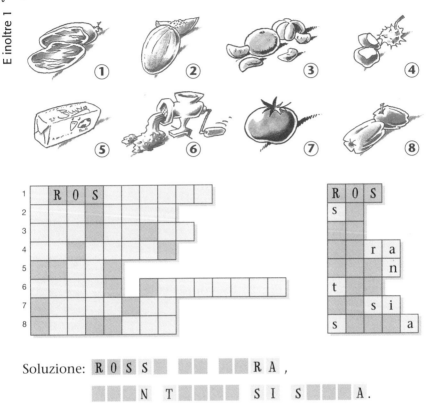

Soluzione: R O S S ☐ ☐ ☐ R A ,

☐ N T ☐ S I S ☐ A .

13 Cerca l'intruso, poi sottolinea la parola che comprende le altre, come nell'esempio.

1. parmigiano – ricotta – <u>prodotti del latte</u> – reggiano – ~~pelati~~
2. panini – ciliege – uva – fragole – frutta
3. spinaci – scatola – verdura – carciofi – melanzane
4. affettati – mortadella – frittata – prosciutto – salame
5. estate – inverno – stagioni – primavera – tortelli
6. crostata – dolci – torta – biscotti – riso
7. vino – minerale – bevande – pesche – spumante

Vita quotidiana

1 È vero? Guarda le foto di pag. 88, leggi le frasi corrispondenti e rispondi alle domande.

			sì	no
1.	Giovanni	comincia a lavorare dopo mezzanotte.	☐	☐
		finisce di lavorare di sera.	☐	☐
2.	Claudia	finisce di lavorare prima delle sette.	☐	☐
		a volte lavora anche il sabato.	☐	☐
3.	Andrea	lavora solo dal lunedì al sabato.	☐	☐
		a mezzanotte lavora ancora.	☐	☐
4.	Maurizio	la domenica non lavora.	☐	☐
		lavora almeno fino alle 24.	☐	☐
5.	Albina	comincia a lavorare alle otto del mattino.	☐	☐
		è libera dall'una in poi.	☐	☐

2 Senza rileggere il brano di pag. 89, completa le frasi.

Giovanni racconta: «_____ il panettiere. La mattina ____ alzo

alle 3.30 e _____ a lavorare _____4.00. Di solito lavoro

_____ all'una. Dopo _____ sono un po' stanco e mi _____

un po'. Il _____ però sono libero e ho _____ per i bambini.»

Gabriella racconta: «Io, invece, sono _____ in un negozio

____ dischi. Ho un _____ di lavoro regolare, perché lavoro

sempre dalle 9.00 ____ 12.30 la mattina e dalle 15.30 _____ 20.00

il _____. Dunque ho tre _____ di pausa e di solito

_____ a casa. ____ volte _____ un panino o _____ in

un self-service, qualche volta poi _____ in palestra o in piscina

oppure _____ semplicemente due _____ in città.»

3 Metti nella colonna giusta questi aggettivi e avverbi, come nell'esempio.

> a lungo – di solito – animato – antico – bene – br~~e~~ve –
> brev~~e~~mente – buono – distinto – giornaliero – gratis –
> importante – indipendente – mensile – ogni – tardi

aggettivi	avverbi
breve	brevemente

4 Completa le frasi con le seguenti parole. Usa l'aggettivo o l'avverbio. Con gli avverbi sono possibili più alternative.

> elegante – industriale – naturale – particolare – raro –
> regolare – tipico – tranquillo

1. Ho un orario di lavoro _____ .

2. Daniela è sempre chic: si veste sempre _____ .

3. All'una torno _____ a casa.

4. _____ il sabato sera esco sempre, ma
   _____ vado al cinema.

5. Che bello! Una _____ serata con un giornale e senza TV!

6. L'appartamento è lontano dalla zona _____ .

7. L'aceto balsamico è un _____ prodotto italiano.

8. Mi piace far sport e _____ giocare a calcio.

5 Completa con i seguenti verbi.

6

alzarsi		riposarsi	sveglarsi
	frequentarsi		

conoscersi	vestirsi	lavarsi

1. Paolo ____ _____ sempre presto, ma poi resta a letto ancora un po'.

2. Dopo la scuola siamo stanchi e quindi ____ _____ un po'.

3. Io ____ _____ solo con saponette naturali.

4. Io non ____ _____ mai prima delle 9!

5. Voi ____ _____ sempre elegantemente.

6. Marcello e Sara ____ _____ molto perché ____ _____ da anni.

6 La mattina di Giacomo.
Metti le frasi in ordine cronologico.

8

○ il bus, perché la scuola ha inizio
○ a casa, mangio e
① Alle 7 mi sveglio, ma
○ delle sette e mezza. Poi vado
○ faccio una bella colazione con
○ Alle otto meno un quarto parto con
○ alle 8 esatte. Ho cinque ore di lezione,
○ mi riposo un po'.
○ non mi alzo mai prima
○ in bagno, mi lavo, mi vesto e poi
○ pane, burro e marmellata.
○ fino all'una, poi torno

7 La giornata di Pierluigi. Completa con i seguenti verbi.

9

| cominciare |
alzarsi	andare (3)		dovere	essere
		lavorare		finire
fare (4)	passare	prendere	mangiare	
	tornare		riposarsi	rimanere
pranzare		mettersi (2)	

Pierluigi _____ come rappresentante. Di solito la mattina

_____ presto, verso le sei e mezza, _____ una

tuta e _____ a fare un po' di jogging. Quando _____ a casa

_____ la doccia, la colazione e poi _____ in macchina

per _____ al lavoro: _____ contattare i clienti. Verso l'una

_____ una pausa per il pranzo (_____ sempre al ristorante),

_____ un po', alle due _____ nuovamente a lavorare e

non _____ mai prima delle sette. Così la sera _____

sempre molto stanco e, dopo una cena molto veloce, _____

subito a letto. Ma ci sono giornate particolari. Ieri, per esempio,

Pierluigi _____ a letto fino alle dieci. Non

_____ sport, non _____ la macchina, _____

solo due passi con Valentina, _____ con lei e insieme

_____ tutto il pomeriggio a casa davanti alla TV.

8 Quali di queste parole riguardano la vita quotidiana? Le iniziali
delle parole rimaste danno – lette nell'ordine – una nuova parola
che significa "molto stanco".

l'orario di lavoro – il mocassino – il pranzo – la pausa –
la giornata lavorativa – l'ospedale – l'uscita di casa –
il posto fisso – il divertimento – il radicchio – la cena –
il titolo – la colazione – l'orario di rientro – l'olio

Soluzione: Alla fine della giornata sono stanco ▪▪▪▪▪.

9

9 Sinonimi (=) o contrari (≠)?

	S	C
1. le stesse cose – le solite cose	☐	☐
2. uguale – diverso	☐	☐
3. giornaliero – quotidiano	☐	☐
4. la routine – l'abitudine	☐	☐
5. pranzare – cenare	☐	☐
6. particolare – speciale	☐	☐
7. ovvio! – chiaro!	☐	☐
8. il cellulare – il telefonino	☐	☐
9. presto – tardi	☐	☐
10. uno su due – il 50%	☐	☐

10 Conosci gli italiani? Completa con le seguenti parole. Attenzione a coniugare i verbi!

> andare (2) – pranzare
> navigare – fare
> cenare – uscire (2)

> 6 sere su 7 - di più
> mai - alla settimana
> sempre - normalmente

> stesso
> solito

Secondo una statistica gli italiani _____ colazione nello stesso

bar e _____ con cappuccino e brioche. _____ di casa verso

le otto, _____ in macchina, e per andare al lavoro compiono

il _____ tragitto. _____ fra l'una e le due. Se _____

al ristorante, scelgono sempre lo _____ locale e anche i piatti

non cambiano quasi _____ . _____ abbastanza tardi e

_____ stanno davanti alla TV in pantofole. Dopo

cena c'è il divertimento, ma si _____ solo una volta

_____ . Alcuni _____ al cinema, altri in

discoteca, ma si gioca sempre _____ con la playstation e si

_____ su Internet.

11 Completa lo schema con i sinonimi o i contrari delle parole in

corsivo. Se le risposte sono esatte, nelle caselle scure appare una

10 parola nuova che significa *"routine quotidiana"*.

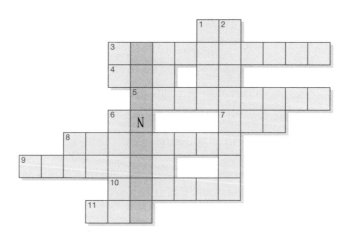

orizzontali →

9

3. Per andare al lavoro fanno il solito *tragitto*. (=)
4. *Adesso* hanno paura dei rischi. (=)
5. Alla fine questo può portare la gente a *divertirsi*. (≠)
7. Le *strade* da noi sono sempre piene di macchine. (=)
8. Ho la *sicurezza* di arrivare in tempo. (=)
9. È in posizione ottimale per fare *shopping*. (=)
10. Vuoi *scendere*, per cortesia? (≠)
11. Gli italiani non sanno più vivere *senza* il cellulare. (≠)

verticali ↓

1. È *falso* dire che gli italiani usano spesso i mezzi pubblici. (≠)
2. Quando pensi di *tornare* a casa? (=)
6. Ha *dato* in affitto un bel villino. (≠)

Soluzione: si dice *la routine* o il ▪▪▪ N ▪▪▪▪.

12 Completa la e-mail con le seguenti parole.

> mentre – quindi – purtroppo – quando – perché – magari – come

Cara Sara,

_____ non mi hai mandato alcuna mail, forse _____

hai troppo da fare. _____ ho pensato di scriverti io. Come

va? Non so _____ venire da te (la macchina non funziona!)

e ___ ___ ci possiamo incontrare. _____ dal parrucchiere

alle 17? Così, _____ siamo là, abbiamo il tempo di stare

un po' insieme tranquillamente.

13 La lingua delle statistiche. Completa le frasi con le preposizioni
giuste.

> di — per — su — su — su

1. Otto italiani _____ dieci sono schiavi delle proprie abitudini.
2. Una statistica fatta _____ un campione _____ 918 italiani
   ne disegna la giornata standard.
3. A tavola il 30 _____ cento dice al partner le stesse cose.
4. Sei sere _____ sette si cena in pantofole davanti alla TV.

14 Qual è l'intruso?

1. tram – mezzo pubblico – divertimento – metropolitana
2. pensione – brioche – cappuccino – colazione
3. a volte – per carità – spesso – mai
4. Palio – Ferragosto – Capodanno – San Giuseppe
5. complimenti – felicitazioni – innamorati – congratulazioni

E inoltre 2

15 Ora completa le frasi con le parole trovate nell'esercizio precedente.

1. Serena e Riccardo sono molto _____ .

2. Vuoi prendere la macchina con questo caos? Ma

   _____ !

3. A Ferrara ho dormito in una piccola _____ .

4. Da una statistica fatta su un campione di quasi mille persone,

   risulta che per gli italiani il _____ è quasi sempre

   uguale.

5. Il _____ si festeggia a Siena.

16 Auguri!

Forma delle formule di auguri/saluti.

Tanti	notte!
Vivissime	Natale!
Buon	affettuosi auguri!
Buona	appetito!
Buone	vacanze!
In	felicitazioni!
	anno!
	viaggio!
	sera!
	compleanno!
	giorno!
	bocca al lupo!

9

Fare acquisti

1 Vero o falso? Osserva la prima persona di sinistra a pag. 98 del manuale. E di' quali frasi sono vere e quali false.

2

Oggi Eleonora ...	sì	no
1. ... si è vestita in modo classico.	☐	☐
2. ... ha scelto una borsetta di pelle marrone.	☐	☐
3. ... ha messo un vestito celeste	☐	☐
e sotto ha indossato un cappotto blu.	☐	☐
4. ... si è messa un paio di scarpe basse e nere.	☐	☐

2 Chi lo dice?
Collega le frasi ai disegni.

1. I pantaloni lunghi non sono il massimo con questo tempo ...
2. Ma perché ho lasciato l'impermeabile a casa??
3. Forse era meglio vestirmi un po' di più.
4. Qui a Trieste non si può più vivere! Questa giacchettina non mi ripara per niente!

a.

b.

c.

d.

3 Abbina domande e risposte (sono possibili più abbinamenti) e completa ogni volta con i pronomi.

3

1. Cosa ha detto Edoardo del maglione?
2. Hai chiamato Pia?
3. Hai visto il pullover rosso in vetrina?
4. Hai telefonato a Sandro?
5. Cosa hai detto a loro?
6. Perché Carlo non mette mai giacca e cravatta?
7. Eva, ti piace questa gonna?
8. Cosa ha detto Franca dei pantaloni?
9. Perché non indossi mai i pantaloni?
10. Signora, come Le sembra questo modello?
11. Perché Carla non mette mai le gonne?

a. Perché _____ piace vestire in modo sportivo.

b. _____ piace?

c. Perché non _____ stanno bene.

d. Che _____ piace molto!

e. No, _____ devo telefonare questo pomeriggio.

f. No, non _____ piace molto, ma _____ prendo lo stesso perché è a buon prezzo.

g. Mah, dice che non _____ stanno bene.

h. Sì, _____ ho comprato stamattina!

i. Che _____ telefono domani.

l. Mah, _____ sembrano un po' troppo giovanili.

m. Certo, _____ ho chiamato due giorni fa!

10

4 Completa con i pronomi.

- ● Pronto.

- ■ Ciao, Rita, sono Pier Giorgio. Senti, _____ chiamo perché
  domani sera al Sociale c'è una bellissima mostra di Modigliani e
  io ho un biglietto in più. _____ interessa?

- ● Certo che _____ interessa, ma purtroppo domani ho un appuntamento dal medico.

- ■ Peccato... Non _____ puoi proprio spostare*?

- ● Mah, non lo so. Prima devo parlare con il medico. Beh, _____
  posso telefonare e poi _____ riparliamo. Anzi, _____ chiamo
  questo pomeriggio e poi _____ ritelefono. Va bene o è troppo tardi?

- ■ No, no, va benissimo. E senti, eventualmente _____ vengo a
  prendere io verso le sette.

- ● _____ ringrazio, perché proprio in questi giorni sono a piedi ...

- ■ Ah, perfetto, allora. A più tardi!

- ● Ciao e grazie.

* spostare (un appuntamento) = cambiare

Rita ha parlato al telefono con il medico, ma lui non può spostare
l'appuntamento. Allora Pier Giorgio invita il signor Freddi.
Completa la telefonata.

- ● Pronto.

- ■ Buongiorno, signor Freddi, sono Pier Giorgio Agnelli. Senta,
  _____ chiamo perché domani al Sociale c'è una bellissima mostra
  di Modigliani e io ho un biglietto in più. _____?

- ● Certo che _____

  _____ .

- ■ Peccato... _____?

10

● Mah, non lo so. Prima devo parlare con il medico. Beh, _____
_____ . Anzi, _____
_____ .

Va bene o è troppo tardi?

■ No, no, va benissimo. E senta, eventualmente _____
_____ .

● _____, perché proprio in questi giorni sono
a piedi ...

■ Ah, perfetto, allora. A più tardi!

● Sì, a più tardi e grazie.

5 Pronomi atoni (*mi, ti* ...) o tonici (*me, te* ...)? Scegli la forma
corretta.

1. (A me/Mi) non ha detto niente, (a lui/gli) invece sì.
2. (A me/Mi) questo vestito sembra troppo caro. E (a te/ti)?
3. Questo colore non (a lei/le) piace.
4. Quando vedi Michela? – (La/Lei) incontro domani.
5. Questo è un regalo per (te/ti).
6. (A noi/Ci) questa casa non piace.
7. Con chi vuoi parlare? – Con (loro/li)?
8. Ragazze, adesso (voi/vi) accompagno a casa.
9. Questo appartamento non (a noi/ci) sembra bello per niente!
10. No, quelle scarpe sono troppo sportive per Sandro. (A lui/gli)
    piacciono più eleganti.

10

6 Completa con *più, meno* o *troppo*.

1. ● Le piace questo modello?

   ■ Mah, è _____ giovanile, lo vorrei _____ classico.

2. ● Quanto costa questo pullover?

   ■ 106 €.

   ● Hmm, è un po' _____ caro. Non ha qualcosa che costa

   _____ ?

3. ■ E queste scarpe come Le sembrano?

   ● Sì, sono belle, ma sono _____ piccole. Non le ha _____

   grandi?

4. ■ Che ne dici di questi mocassini? Sono _____ cari di quelli

   neri...

   ● No, no, sono _____ sportivi per me!

5. ■ Ti piacciono quei jeans?

   ● No, non vedi che larghi?

   ■ Ma quelli là a destra sono molto _____ stretti!

7 Completa con il presente di *dire*.

1. Anna _____ che oggi è il compleanno di Silvio ...

2. Io _____ che il lavoro è fatto male.

3. Franca, cosa ne _____ di questa sciarpa?

4. Ragazzi, usciamo stasera? Che ne _____ ?

5. Giuseppe e Andrea _____ che il negozio *Aladino* è troppo

   caro.

6. Noi _____ che gli italiani sono campioni di creatività.

10

8 Davanti a una vetrina.

Completa con la forma adeguata di *quello*.

9

● Che ne dici di _____ mocassini?

■ Quali? _____ neri?

● No, no, più a destra, _____ di pelle marrone da 98 €.

■ Sì, sono bellissimi, ma costano troppo!

● E allora che ne dici di _____ scarpe nere?

■ _____ da 63 €?

● Sì, proprio _____ . Sono meno care e mi sembrano pure comode.

■ Mah, veramente non mi piacciono. Preferisco delle scarpe più sportive.

● E allora puoi prendere _____ stivali ...

■ Mah ... non so ...

● Beh, sai cosa ti dico?? Adesso basta! Se non ti interessa mai _____ che dico io, fa' come vuoi!! Io torno a casa in tassì.

10

9 Vero o falso? Rileggi il testo di pag. 102 e poi rispondi alle domande.

10

	sì	no
1. I giovani trovano nel centro commerciale tutto quello che gli piace.	□	□
2. I ragazzi vanno al centro commerciale ogni mattina.	□	□
3. Tamara ama i vestiti lunghi e lo stile folk.	□	□
4. Alex ama le scarpe, soprattutto da ginnastica.	□	□
5. Monica deve lavorare per comprare i vestiti che desidera.	□	□
6. Per i ragazzi il telefonino è un oggetto molto importante.	□	□

10 Appuntamento al centro commerciale. Abbina i titoli ai paragrafi corrispondenti.

(a) Perchè gli shop village piacciono tanto ai giovani.
(b) La giornata di cinque giovani al centro commerciale.
(c) Status symbol dei giovani d'oggi.
(d) Abbigliamento di tre ragazzi.
(e) Chi «vive» nei centri commerciali.
(f) Non solo nel centro commerciale.
(g) Che bello guardare i negozi!

(1) Vivono in mezzo alle vetrine e fanno amicizia sotto la luce del neon. Sono i giovani abitanti degli shop-village, i mega centri commerciali sparsi in tutta Italia. A Torino, Bergamo, Modena o Firenze il centro commerciale è diventato un punto di ritrovo di una nuova generazione.

(2) Il motivo di questo successo è semplice: i corridoi degli shop village sono più colorati, più allegri, più vivaci delle strade di periferia. Così ogni pomeriggio i giovani vengono qui.
E trovano, oltre ai negozi, la pizzeria, la birreria, l'edicola, il supermercato e il parrucchiere che fa tagli «speciali». Insomma, il centro commerciale è una minicittà dove i ragazzi trovano gli oggetti che desiderano e che qualche volta comprano anche.

(3) Alessandro, Alex, Monica, Tamara e Annamaria vanno al centro commerciale ogni giorno, dopo pranzo. Tornano da scuola, mangiano di corsa e alle due sono già lì.

(4) Tamara, 13 anni, porta la divisa di moda nella compagnia: giubbotto, jeans aderentissimi ma larghi in fondo, scarpe con la zeppa, brillantino al naso. Annamaria, 16 anni e un anellino al naso, preferisce la moda etnica. Alex, 15 anni, invece è un fanatico delle scarpe e ha molte paia di Nike.

(5) «Non stiamo sempre al centro» dice Alessandro, 20 anni, elettricista. «La domenica andiamo al mare o a ballare. Ma qui è più bello perché ci sono i negozi.»

(6) Mentre gli altri mangiano una pizza, Monica va a guardare le vetrine. Vede una gonna e una maglietta, ma costano troppo. «Per comprare i vestiti a volte faccio qualche lavoretto.» dice.

(7) Possedere gli oggetti simbolo del consumismo giovanile è molto importante per questi ragazzi. Il telefonino per esempio è un oggetto che tutti vogliono avere e che serve non solo per telefonare, ma anche sempre più spesso per mandare agli amici dei messaggi scritti.

11 E ora un po' di cultura italiana.
Inserisci questi aggettivi e completa le frasi con *di* (con o senza articolo).

> più grande – meno cara – più antica – più cari – più lungo –
> più famoso – più alcolico – meno grande – più alto – più piccolo

1. Il Po (km 672) è _____ _____ _____ Tevere (km 396).

2. L'università di Bologna (1088) è molto _____ _____
   _____ quella di Milano (La Bocconi) (1902).

3. Il monte Bianco (m 4810) è _____ _____ _____ Etna
   (m 3263).

4. Palermo (687.855 abitanti) è _____ _____ _____ Venezia
   (296.422 abitanti).

5. I capi di Armani sono _____ _____ _____ vestiti dei
   negozi «normali».

6. Il Brunello da Montalcino è un vino _____ _____ _____
   birra.

7. Mezza minerale è _____ _____ _____ una pizza.

8. Roberto Benigni è _____ _____ _____ Nino Manfredi.

9. Il lago di Como (kmq 145) è _____ _____ _____ lago di
   Garda (kmq 370).

10. L'Arena di Verona è _____ _____ _____ Colosseo.

10

12 È Natale. Gianna ha organizzato un viaggio in Alaska, Franco invece alle Seychelles. Aiutali a fare le valigie.

14

accappatoio – tuta da sci – berretto – guanti – fascetta – maglione – costume da bagno – giacca a vento – pantaloncini – stivali – cappotto – calzini di cotone – sciarpa di lana – sandali – pelliccia – scarpe da ginnastica

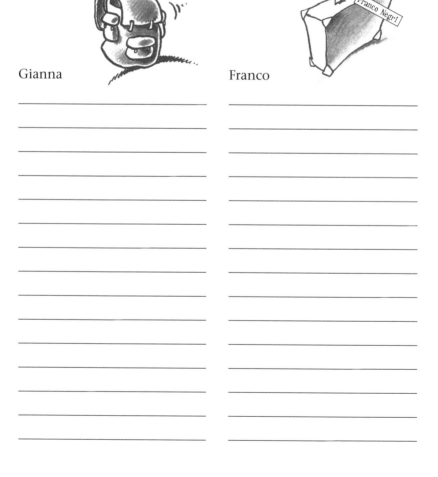

Gianna

Franco

10

_____   _____
_____   _____
_____   _____
_____   _____
_____   _____
_____   _____
_____   _____
_____   _____
_____   _____
_____   _____
_____   _____
_____   _____
_____   _____

13 Sei in un supermercato.
In che piano cerchi questi prodotti?

scarponi da sci, armadio, vestito, pere, letto, vocabolario, macedonia in scatola, quaderno, lavatrice, mocassini, tuta da ginnastica, bicchieri, camicia, pantaloni, petti di pollo, bicicletta

COOP	
3° piano	Oggetti per la casa e la scuola
2° piano	Abbigliamento sportivo e tempo libero
1° piano	Abbigliamento donna, uomo, bambino
piano terra	Informazioni, bancomat, alimentari

3° piano: _____

2° piano: _____

1° piano: _____

piano terra: _____

10

14 Inserisci le parole nella categoria giusta.

| tabaccheria | piazza | parco | svendita | cappotto | stazione |

| cappello | libreria | banca | cartoleria | borsetta | sconto |

| distributore | chiesa | giubbotto |

1. Luoghi pubblici: _____

2. Negozi: _____

3. Capi di abbigliamento: _____

4. Acquisti: _____

Soluzioni

Lezione 1

1. 1. c/d; 2. a/b; 3. a/b; 4. c/d; sole: 2, 3, 4; luna: 1, 2, 3

2. 1. si chiama, mi chiamo; 2. sono, ti chiami; 3. sono; 4. è; 5. Sei

3. radic<u>chi</u>o; zuc<u>che</u>ro; <u>chi</u>tarra; <u>cuo</u>co; <u>chi</u>ave; zuc<u>chi</u>ni; <u>cuo</u>re; Mona<u>co</u>; prose<u>cco</u>
Soluzione: Una regione italiana è la SICILIA.

4.

[tʃ] come **ciao**	[k] come **caffè**	[dʒ] come **gelato**
cio**cc**olata	**cio**ccolata	vi**gi**le
bi**ci**cletta	ma**cch**ina	vali**gi**a
aran**ci**a	**chi**esa	**gi**ornale
	chiave	orolo**gi**o

5. 1. austriaca; 2. tedesco; 3. americana; 4. francese; 5. inglese; 6. irlandese; 7. italiana
Soluzione: Un Paese dell'Europa è la ROMANIA.

6. 1. signora; 2. Come; 3. Ciao, ciao; 4. inglese; 5. Di dove; 6. Piacere, Piacere.

7.

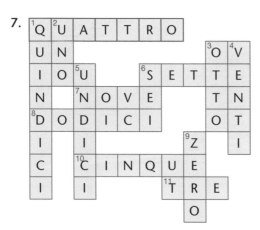

orizzontali:
4 – 7 – 9 – 12 – 5 – 3

verticali:
15 – 1 – 8 – 20 – 11 – 6 – 0

8. diciotto; diciassette; sedici; quindici; quattordici; tredici; dodici; undici; dieci; nove; otto; sette; sei; cinque; quattro; tre; due; uno

9. 1. e; 2. c; 3. d; 4. a; 5. b

10. 2. il Suo; 3. sono; 4. Lei; 5. svizzero; 6. ArrivederLa

11. 2. Di dov' – (c); 3. Qual – (e); 4. Lei – (d); 5. hai – (a)

Lezione 2

1. 1. Questo; 2. Questa; 3. questa; 4. Questo; 5. questo; 6. Questa

2.

	1	B	E	N	E
	2	H	O		
		3	C	I	A	O
	4	Q	U	E	S	T	O
		5	M	O	L	T	O
			6	L	E	
7	P	A	R	L	I	

Soluzione: Il famoso cantante si chiama Andrea BOCELLI.

3. 2. il signor; 3. Signor; 4. dottor; 5. professore; 6. la signora; 7. Questo; 8. Parli; 9. Non parlo; 10. greca

4.

	nome	cognome	città	professione
1	Marco	Avancini	Cavalese	direttore di banca
2	Flavia	Cainelli	Bologna	architetto
3	Mariella	Andrizzi	Ricadi	estetista
4	Pier Giorgio	Ziglio	Ferrara	medico

5. 1. una; 2. un; 3. un'; 4. uno; 5. una, un

6.

	essere	avere	lavorare	fare
io	sono	ho	lavoro	faccio
tu	sei	hai	lavori	fai
lui, lei, Lei	è	ha	lavora	fa
noi	siamo	abbiamo	lavoriamo	facciamo
voi	siete	avete	lavorate	fate
loro	sono	hanno	lavorano	fanno

7. 1. – c. è; 2. fai – f; 3. Lavoriamo – a; 4. Sono – b; 5. fate – g;
6. Faccio – d; 7. fa – e; 8. lavora – h

8. 1. f/i; 2. b/m; 3. a/e; 4. h/p; 5. l/o; 6. c/g; 7. d/n

9. l'/un ufficio; l'/un'infermiera; lo/uno studente; l'/un ingegnere;
la/una commessa; la/una scuola; il/un radiologo;
l'/un (maschile), un' (femminile) insegnante

10. 1. commesso/-a; 2. casalinga; 3. medico; 4. insegnante;
5. operaio/-a; 6. impiegato/-a; 7. ingegnere; 8. segretaria;
9. architetto
Soluzione: Faccio il CAMERIERE.

11. 1. a, di; 2. di; 3. in, di, in; 4. in, per, a; 5. Di, di, in; 6. di; 7. a,
per, di, per, per; 8. di; 9. in, in; 10. con, di; 11. in, a, in, di, in;
12. A

12. 1. trentasei; 2. cento meno ventidue fa settantotto;
3. settantotto diviso due fa trentanove; 4. quarantatré per due
fa ottantasei.
Soluzione: Il cameriere lavora in un RISTORANTE.

13. 1. e; 2. c; 3. b; 4. l; 5. a; 6. g; 7. d; 8. i; 9. f; 10. n; 11. h; 12. m

Lezione 3

1. *Se ho fame* prendo un cornetto, un panino imbottito, un tramezzino, una pizzetta, un toast.
Se ho sete prendo un bicchiere d'acqua minerale, una spremuta, un tè, un'aranciata, un bicchiere di latte.

2. tramezzin**i**, pizze, panin**i**, spremut**e**, cappuccin**i**, birr**e**, bicchier**i**, aranciat**e**

3. *plurali:* bar, hotel, toast, tè, farmacie, piazze, straniere, impiegate, figli, insegnanti, scuole.
Soluzione: Il famoso bar di Padova si chiama PEDROCCHI.

4. desidero, desideri, desidera, desideriamo, desiderate, desiderano; prendo, prendi, prende, prendiamo, prendete, prendono.
Sono uguali la 1ª (-o), la 2ª (-i) persona singolare e la 1ª persona plurale (-iamo).

5. 1. pomodori ripieni; 2. arrosto, trota (Secondi piatti); 3. frutta, macedonia (Dessert); 4. risotto, tortellini (Primi piatti); 5. peperoni, purè (Contorni).

6. **Una** signora, **un** signore ed **un** ragazzo vanno in **un** bar.
Lei prende **un** cornetto con **la** crema e da bere **un** tè al latte.
Il signore prende **un** tramezzino e poi ordina **una** birra.
Il ragazzo preferisce bere solo **un'**aranciata e non mangia niente.

7. 1. voglio; 2. vogliono; 3. preferisci; 4. Prendete; 5. preferisce; 6. vuole; 7. preferisco; 8. prendono; 9. vuole, desidera; 10. avete; 11. preferisce; 12. mangia; 13. Preferiamo; 14. prendi

8. il/i bar, gli/le insegnanti, le fragole, gli spaghetti, gli orologi, le chiavi, le chiese, il latte, le valigie, i vigili, gli spumanti, le bevande, il/i tè, la/le specialità, il/i toast

10. 8, 6, 4, 2, 5, 7, 1, 3

11. <u>mangiare</u> un cornetto, un antipasto; <u>bere</u> una spremuta; <u>prendere</u> un cornetto, una spremuta, un antipasto; <u>portare</u> un cornetto, una spremuta, il conto, un antipasto; <u>desiderare</u> un cornetto, una spremuta, il conto, un antipasto; <u>preferire</u> un cornetto, una spremuta, un antipasto; <u>volere</u> un cornetto, una spremuta, il conto, un antipasto; <u>essere</u> a posto, d'accordo.

12. 1. f; 2. e; 3. d; 4. b; 5. g; 6. a; 7. c

13. Lettere italiane: bi, di, effe, gi, elle, pi, cu, ti, u, vi/vu, zeta. Lettere straniere: i lunga, doppia vu, ics, ipsilon.

14. Soluzione: L'alfabeto italiano ha ventuno lettere.

15. (P) Certo. Per quante persone? (C) Sei, forse sette; (C) Marchesoni; (C) Marchesoni (Emme, a, erre, ci, acca, e, esse, o, enne, i); (C) Scusi, è possibile prenotare un tavolo? (P) Come, scusi? (P) D'accordo e a che nome? (C) Sì, a più tardi. Grazie mille. (P) Va bene. Allora a più tardi.

Lezione 4

1. ● Che cosa, tempo; ■ di, facciamo, andiamo, in, tennis;
● sto, casa, leggo, musica, dormo, guardo

2. 1. leggi; 2. va; 3. escono, vanno; 4. esci/giochi;
5. dormite/giocate/leggete, fai; 6. giochiamo, Vuoi/Volete;
7. giochi, vado

3. sabato (6), martedì (2), lunedì (1), domenica (7), venerdì (5), mercoledì (3), giovedì (4)

4. 1. La sera Adamo guarda spesso la TV. 2. Non vado quasi mai in macchina. 3. Qualche volta gioco a tennis. 4. Roberta non va mai al cinema. 5. Il sabato vado sempre in bicicletta. 6. Pia e Paolo studiano quasi sempre insieme. 7. Io di solito faccio sport.

5. Mi piace la cucina italiana / il pianoforte / viaggiare / la lingua italiana / fare passeggiate / il basso. Mi piacciono gli sport / le canzoni di Ramazzotti. Studio matematica / economia / la lingua italiana (per lavoro / perché amo l'Italia / da cinque mesi / da poco tempo). Suono il pianoforte / il basso. Amo la cucina italiana / il pianoforte / viaggiare / la lingua italiana / fare passeggiate / gli sport / le canzoni di Ramazzotti / il basso.

6. 1. studiare; 2. la spesa, yoga; 3. a casa, in piscina; 4. di rispondere alle domande, di scrivermi; 5. uno strumento, il pianoforte; 6. i testi, le e-mail; 7. il russo, l'ungherese

7. (2) ~~con un'amica~~: con un amico, Giuseppe;
(3) ~~in una spaghetteria~~: in una pizzeria;
(4) ~~andare a ballare~~: fare qualcosa all'aperto

8. 5, 3, 1, 4, 2

9. 1. Ti piace leggere? Sì, mi piace (molto / moltissimo). No, non mi piace (affatto / per niente). 2. Ti piacciono i fumetti? Sì, mi piacciono (molto / moltissimo). No, non mi piacciono (affatto / per niente). 3. Ti piace cucinare? Sì, mi piace (molto / moltissimo). No, non mi piace (affatto / per niente). 4. Ti piace il pesce? Sì, mi piace (molto / moltissimo). No, non mi piace (affatto / per niente). 5. Ti piacciono i film gialli? Sì, mi piacciono (molto / moltissimo). No, non mi piacciono (affatto / per niente).

10. 1. A me; 2. a Lei; 3. A me, a te; 4. A te, A me; 5. A te; 6. A Lei

11. 1. Monica odia andare all'opera. 2. Durante la settimana lavoriamo moltissimo. / Lavoriamo moltissimo durante la settimana. 3. Lara lavora come estetista in un negozio / in un negozio come estetista. 4. I giovani vanno volentieri in discoteca / in discoteca volentieri. 5. Nel tempo libero esco solo con gli amici. / Solo nel tempo libero esco con gli amici. 6. Anch'io non esco quasi mai da sola.

12.

nome	Alessandro	Giovanna	Patrizia	Mariangela
età	28	18	18	65
quando/ dove va	il giovedì va al ristorante	il venerdì va sempre in palestra	il sabato esce con gli amici	la domenica va all'opera con il figlio
hobby	la cucina italiana	gli sport	leggere i gialli e i fumetti	ascoltare la musica classica

13. 1. per, all'; 2. di, a; 3. da; 4. con, per; 5. di; 6. da, con; 7. d'

14. sono le undici e un quarto (2); sono le undici e venticinque (3);
sono le undici e mezza (4); sono le undici e trentacinque (5);
sono le dodici meno venti (6); sono le undici e tre quarti (7);
sono le dodici meno dieci (8); è mezzogiorno (9);
è mezzanotte (10)

Lezione 5

1. parcheggio, frigobar, cucina, triple, doccia, aria condizionata,
colazione, matrimoniali.
Soluzione: Un'altra parola per «albergo» è (la) pensione.

2. Villa Mary: doccia, frigobar. Residenza Miramonti: matrimoniali,
aria condizionata; Albergo Bellavista: triple. Colazione. Cucina.

3. 1. è; 2. c'è; 3. c'è; 4. è; 5. è; 6. c'è; 7. è; 8. c'è

4. In fabbrica/a casa c'è molto da lavorare/c'è molto/tanto lavoro
da fare. In vacanza c'è molto da vedere; ci sono molte attività
da fare. Al ristorante c'è un menù da leggere/da ordinare; ci sono
molti piatti da ordinare/nuovi gusti da scoprire. A scuola c'è
molto/tanto lavoro da fare; c'è molto da imparare/da studiare/
da lavorare/da scrivere/da leggere; ci sono molte attività/
molti esercizi da fare. In discoteca/alla radio c'è molta musica
da ascoltare. In ufficio ci sono molte lettere da scrivere.

Sul tavolo c'è un giornale da leggere. Nel giornale di oggi ci sono dieci annunci da leggere. Nel libro ci sono molte attività/molti esercizi da completare/da fare.

5. dormire: il letto, il cuscino, la coperta
   viaggiare: la valigia
   andare alla toilette: la saponetta, la carta igienica, l'asciugacapelli, l'asciugamano
   fumare: il portacenere
   scrivere: il tavolo, la sedia, la lampada

6.

	potere	venire	uscire
io	posso	vengo	esco
tu	puoi	vieni	esci
lui, lei, Lei	può	viene	esce
noi	possiamo	veniamo	usciamo
voi	potete	venite	uscite
loro	possono	vengono	escono

7. (2); (9); (6); (1); (7); (11); (8); (10); (3); (4); (5)

8. 1. mercoledì, venerdì; 2. giugno, agosto; 3. venerdì, giovedì; 4. novembre, settembre; 5. febbraio, aprile; 6. giorno, mese; 7. secondo, terzo; 8. decimo, nono

9.

Soluzione: Il famoso paese turistico delle Dolomiti si chiama MOENA.

10. Quanti posti letto ci sono nell'appartamento? Quanto viene la lavatrice/l'appartamento per una settimana? Quanto vengono due settimane? La matrimoniale viene 120 €. Nell'albergo ci sono problemi per il parcheggio? Nell'appartamento ci sono problemi per il parcheggio? Nell'appartamento c'è la lavatrice? Chi c'è nell'appartamento? Chi viene a controllare? Quando ci sono problemi per il parcheggio? Quando viene a controllare/ nell'appartamento? Ci sono problemi per il parcheggio? C'è la lavatrice? Viene/Vengono a controllare?

11. 1. in, con; 2. al, a, dall'; 3. dei, con, da, di; 4. da, a, con, sulle; 5. Nella, per; 6. per, da; 7. nel, a, a, in, all', al; 8. nell'; 9. dalla, Nel, a

12. 1 = C; 2 = R; 3 = S; 4 = O; 5 = Z; 6 = E; 7 = P; 8 = T; 9 = U; 10 = G; 11 = B
Cara Linda,
sono in vacanza in Sicilia (conosci Zafferana?) per tre settimane. Ho un appartamento in affitto: grande, comodo, bello e a pochi km dal mare. Torno a casa il primo di agosto.
Tanti cari saluti
Carla

13. andare: al cinema, d'accordo, in piscina; ascoltare: bene, interessati, musica, una telefonata; avere: tre mesi, un appartamento, una camera, una singola, vent'anni; essere: al cinema, d'accordo, in piscina, interessati; fare: bene, compere, conoscenza, ginnastica, male, una passeggiata, una telefonata, una vacanza; prenotare: un appartamento, una camera, una singola, una telefonata, una vacanza; rispondere: a una telefonata, a una domanda, a una persona, bene, male; stare: al cinema, bene, in piscina, male

14. ottomilaventitré = 8.023; cinquantacinquemila = 55.000; mille = 1.000; trecentosettantuno = 371; due miliardi = 2.000.000.000; quattro milioni = 4.000.000; ventiseimilanove = 26.009

15. 1. e; 2. g; 3. i; 4. c; 5. a; 6. d; 7. l; 8. h; 9. b; 10. f

Lezione 6

1. orizzontali: ristoranti, negozi, mercati, palazzi, musei, alberghi.
verticali: teatri, bar, cinema, piazze.
Soluzione: Il palazzo DELLA RAGIONE.

2. 1.-; 2. in Italia – Sì, ci abitiamo da cinque anni. 3. in banca –
No, non ci lavoro più da tre mesi. 4. -; 5. in vacanza – Ci vado
in agosto. 6. al cinema – Ci vengo anch'io!

3. 2. f; 3. c; 4. e; 5. d; 6. a

4. 1. Sono delle persone interessanti. 2. Là ci sono delle grandi
piazze. 3. In centro ci sono degli edifici tipici. 4. Abbiamo dei
clienti francesi. 5. Là insegnano dei professori americani.
6. Sono delle zone tranquille. 7. Là ci sono degli alberghi
economici.

5. a. tante, interessanti, tranquillo, privata, grande, interessanti,
altri, prossimo, cari;
b. 1. sì; 2. no; 3. sì; 4. no; 5. no; 6. sì; 7. sì

6. 1. vieni, devo; 2. devi, vengono;
3. venite, dobbiamo; 4. viene,
deve; 5. deve, viene; 6. vengono, vengono, devono

7. 1. sa - (d); 2. sapete - (f); 3. so - (c);
4. sa - (a); 5. sai - (e); 6. sanno - (b)

8.

9. (Sandra) alla, dell', al, in, a, a, alla, in/sull'; (Mario) in,
alla / della, a, al, a / verso, dall', a, Al, a, al

10. 1. è; 2. c'è; 3. c'è; 4. è; 5. Ci sono; 6. C'è; 7. sono

11. 1. semaforo; 2. teatro; 3. sapere; 4. peccato

12. 1. Lei esce dalla banca e gira subito a sinistra, va dritto per un
po' e poi attraversa una piazza. Al primo, no anzi al secondo
incrocio, gira a destra, attraversa uno ... due incroci e al terzo
gira a sinistra. E lì davanti trova l'ospedale.
2. Lei esce dall'albergo, va subito a destra, alla prima traversa
gira a sinistra, va fino al semaforo e poi gira a destra. Continua
dritto e subito dopo la prima traversa Lei è proprio davanti
alla stazione.

13. 1. A, A; 2. a; 3. alle, all'; 4. alle; 5. alle

14. 1. lontano; 2. in macchina/a piedi; 3. dietro; 4. mai; 5. arriva;
6. primo

15. 1. no; 2. no; 3. sì; 4. sì; 5. sì; 6. no; 7. no; 8. no

Lezione 7

1. a. Silvio; b. Linda; c. Maria; d. Luisa; e. Luciana; f. Giovanni

2. Paolo: ha, è, è, è, ha, ha, ha, è, ha, Ha, è, ha, ha; Flavia: è, ha,
ha, ha, ha, ha, è, ha, hanno

3. 1. ieri, oggi; 2. stamattina; 3. il pomeriggio; 4. poi/dopo

4. 1. ha fatto; 2. sono tornati; 3. ha visitato; 4. è andata;
5. ha lavorato; 6. ho dormito; 7. Abbiamo preferito; 8. sei stata;
9. Avete telefonato; 10. è uscita, ha attraversato, è andata, ha
trovato

5. 1. molto caro/carissimo; 2. molto lontana/lontanissima; 3. molto piccolo/piccolissimo; 4. molto bene/benissimo; 5. molto moderna/modernissima; 6. molto tardi/tardissimo; 7. molto centrale/centralissimo; 8. molto poco/pochissimo; 9. molto intensa/intensissima

6. 1. è andato – (c) ha preso; 2. ha fatto – (f); 3. è rimasta – (g) ha messo; 4. hanno letto – (a) sono usciti/-e; 5. abbiamo passato – (b) abbiamo avuto; 6. ha visto – (e) è stata; 7. sono venute – (d) abbiamo parlato

7. Alberta è nata a Genova nell'ottobre 1946. Dal 1952 al 1964 ha frequentato la scuola. Nel luglio 1964 ha preso il diploma e nello stesso anno ha cominciato l'università, ma nel settembre 1968 ha conosciuto Dario. L'anno dopo è nato Giacomo, nel 1970 è arrivata Valeria e così Alberta da allora è rimasta a casa. Dopo 16 anni, però, (nel 1986) ha ripreso gli studi e oggi è una brava professoressa d'italiano.

8. 1. domenica; 2. la sera; 3. il fine settimana; 4. il tempo; 5. Venerdì; 6. il sabato; 7. Mercoledì scorso

9. 12, 4, 5, 7, 6, 11, 8, 13, 9, 1, 3, 10, 2

10. 1. in, per; 2. in/di, in, a; 3. in, a, di; 4. sul, all', di; 5. in, a; 6. a, al; 7. al, con; 8. Di, in, al, a; 9. A, al, All'

11. 1. qualche, ci sono stati degli intensi temporali; 2. degli, qualche albergo non troppo caro; 3. qualche, Ci sono ancora delle nuvole; 4. qualche, Ci sono state delle persone ... hanno cercato; 5. Qualche, Delle volte; 6. qualche, delle trattorie tipiche; 7. delle, qualche chiesa antica; 8. dei, qualche palazzo medioevale; 9. qualche, delle idee particolari; 10. qualche, dei film interessanti

12.

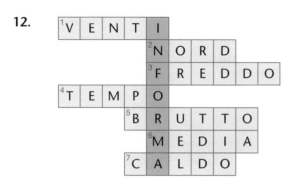

Soluzione: Dopo le vacanze sono sempre in forma!

13. 1. no; 2. sì; 3. forse; 4. no; 5. forse; 6. sì; 7. no; 8. forse

Lezione 8

1. orizzontali: prosciutto, pesce, uova, burro, cipolla, formaggio, miele; verticali: salame, pesche, pollo, aglio
Soluzione: «BUON APPETITO!»   «GRAZIE ALTRETTANTO!»

2. 1. e; 2. d; 3. f; 4. b; 5. a; 6. g; 7. c

3. 1. La; 2. ne; 3. Lo; 4. Ne; 5. Ne, Lo; 6. li; 7. Le

4. 1. f; 2. a; 3. b; 4. g; 5. c; 6. d; 7. e

5. 1. la; 2. la; 3. lo; 4. Lo; 5. Lo; 6. Ne; 7. ne; 8. le; 9. la; 10. ne

6. 1. dei, del, delle, del, dello; 2. delle, dell', dell', del, del; 3. del, del, dell', del, del, del

7. 1. cliente; 2. commesso; 3. cliente; 4. commesso; 5. cliente; 6. cliente; 7. commesso; 8. commesso; 9. cliente

8. 1. vivace; 2. sono molte; 3. altri lavori; 4. più tardi; 5. compra; 6. comincia; 7. aiutare; 8. preferito

9. 1. si beve (no); 2. si bevono (sì); 3. si mangiano (sì); 4. si mangia (sì); 5. si vende (sì); 6. si vendono (sì); 7. si parlano (no); 8. si parla (sì); 9. si possono (sì); 10. si può (sì)

10. 1. pelati; 2. aglio; 3. spaghetti; 4. sedano; 5. latte; 6. maionese; 7. rosso; 8. pizza al taglio; 9. patate; 10. salame; 11. uova

11. Tagliare, rosolare, versare, evaporare, Aggiungere, mescolare, pepare, preparare

12.

Soluzione: «ROSSO DI SERA, BUON TEMPO SI SPERA»
Significa: Se la sera il cielo è rosso, probabilmente il giorno dopo è bel tempo.

13. 1. prodotti del latte: parmigiano, ricotta, reggiano;
2. frutta: ciliegie; uva; fragole;
3. verdura: spinaci, carciofi, melanzane;
4. affettati: mortadella, prosciutto, salame;
5. stagioni: estate, inverno, primavera;
6. dolci: crostata, torta, biscotti;
7. bevande: vino, minerale, spumante

Lezione 9

1. 1. sì, no; 2. sì, no; 3. no, no; 4. no, sì; 5. no, sì

2. Giovanni racconta: «Faccio il panettiere. La mattina mi alzo alle 3.30 e comincio a lavorare alle 4.00. Di solito lavoro fino all'una. Dopo pranzo sono un po' stanco e mi riposo un po'. Il pomeriggio però sono libero e ho tempo per i bambini».
Gabriella racconta: «Io, invece, sono commessa in un negozio di dischi. Ho un orario di lavoro regolare, perché lavoro sempre dalle 9.00 alle12.30 la mattina e dalle 15.30 alle 20.00 il pomeriggio. Dunque ho tre ore di pausa e di solito torno/vado a casa. A volte mangio un panino o pranzo in un self-service, qualche volta poi vado in palestra o in piscina oppure faccio semplicemente due passi in città».

3.

aggettivi	avverbi
animato	a lungo
antico	di solito
buono	bene
distinto	gratis
giornaliero	tardi
importante	
indipendente	
mensile	
ogni	

4. 1. regolare; 2. elegantemente; 3. raramente/regolarmente; 4. naturalmente, raramente; 5. tranquilla; 6. industriale; 7. tipico; 8. particolarmente/naturalmente

5. 1. si sveglia; 2. ci riposiamo; 3. mi lavo; 4. mi alzo; 5. vi vestite; 6. si frequentano, si conoscono

6. 8; 11; 1; 3; 5; 7; 9; 12; 2; 4; 6; 10

7. Pierluigi lavora come rappresentante. Di solito la mattina si alza presto, verso le sei e mezza, si mette una tuta e va a fare un po' di jogging. Quando torna a casa fa la doccia, la colazione e poi si mette in macchina per andare al lavoro: deve contattare i clienti. Verso l'una fa una pausa per il pranzo (mangia/pranza sempre al ristorante), si riposa un po', alle due comincia nuovamente a lavorare e non finisce mai prima delle sette. Così la sera è sempre molto stanco e, dopo una cena molto veloce, va subito a letto. Ma ci sono giornate particolari. Ieri, per esempio, Pierluigi è rimasto a letto fino alle dieci. Non ha fatto sport, non ha preso la macchina, ha fatto solo due passi con Valentina, ha pranzato/mangiato con lei e insieme hanno passato tutto il pomeriggio a casa davanti alla TV.

8. *Parole rimaste:* mocassino; ospedale; radicchio; titolo; olio
   Soluzione: Alla fine della giornata sono stanco MORTO.

9. 1. s; 2. c; 3. s; 4. s; 5. c; 6. s; 7. s; 8. s.; 9. c; 10. s

10. Secondo una statistica gli italiani fanno colazione nello stesso bar e sempre con cappuccino e brioche. Escono di casa verso le otto, normalmente in macchina, e per andare al lavoro compiono il solito tragitto. Pranzano fra l'una e le due. Se vanno al ristorante, scelgono sempre lo stesso locale e anche i piatti non cambiano quasi mai. Cenano abbastanza tardi e 6 sere su 7 stanno davanti alla TV in pantofole. Dopo cena c'è il divertimento, ma si esce solo una volta alla settimana. Alcuni vanno al cinema, altri in discoteca, ma si gioca sempre di più con la playstation e si naviga su Internet.

11.

Soluzione:
Si dice la routine o il
TRAN TRAN (quotidiano).

12. purtroppo; perché; Quindi; come; quando; Magari; mentre

13. 1. su; 2. su, di; 3. per; 4. su

14. 1. divertimento; 2. pensione; 3. per carità; 4. Palio;
5. innamorati

15. 1. innamorati; 2. per carità!; 3. pensione; 4. divertimento;
5. Palio

16. Tanti affettuosi auguri! Vivissime felicitazioni! Buon Natale/
Buon appetito/Buon anno/Buon viaggio/Buon compleanno/
Buon giorno! Buona notte/Buona sera! Buone vacanze! In
bocca al lupo!

Lezione 10

1. 1. sì; 2. no (nera); 3. sì, no (sopra, non sotto!); 4. no (con i tac-
chi alti)

2. 1. persona in basso a sinistra; 2. persona in alto a destra;
3. persona in basso a destra; 4. persona in alto a sinistra

3. 1. b (Gli)/d. (gli); 2. e (le); 3. b (ti)/h (l'); 4. e. (gli)/m (l');
5. i (gli); 6. a (gli)/c (gli)/g. (gli); 7. f (mi, la); 8. g (le)/l (le);
9. c (mi)/l (mi); 10. b (Le); 11. a (le)/c (le)/g (le)

4. ti; Ti; mi; lo; gli; ne; lo; ti; ti; Ti

Possibile soluzione: La; Le interessa; mi interessa, ma purtroppo
domani ho un appuntamento dal medico; Non lo può proprio
spostare? gli posso telefonare e poi ne riparliamo; lo chiamo questo pomeriggio e poi Le ritelefono; La vengo a prendere io verso
le sette; La ringrazio

5. 1. A me, a lui; 2. A me, a te; 3. le; 4. La; 5. te; 6. A noi; 7. loro;
8. vi; 9. ci; 10. A lui

6. 1. troppo, più; 2. troppo, meno; 3. troppo, più; 4. meno, troppo; 5. più

7. 1. dice; 2. dico; 3. dici; 4. dite; 5. dicono; 6. diciamo

8. quei; Quelli; quelli; quelle; Quelle; quelle; quegli; quello

9. 1. sì; 2. no (ogni pomeriggio); 3. no; 4. sì; 5. sì; 6. sì

10. 1. e; 2. a; 3. b; 4. d ; 5. f; 6. g; 7. c

11. 1. più lungo del; 2. più antica di; 3. più alto dell'; 4. più grande di; 5. più cari dei; 6. più alcolico della; 7. meno cara di; 8. più famoso di; 9. più piccolo del; 10. meno grande del

12. **Gianna:** tuta da sci, berretto, guanti, fascetta, maglione, giacca a vento, stivali, cappotto, sciarpa di lana, pelliccia; **Franco:** accappatoio, costume da bagno, pantaloncini, calzini di cotone, sandali, scarpe da ginnastica

13. 3° piano: armadio, letto, vocabolario, quaderno, lavatrice, bicchieri
2° piano: scarponi da sci, tuta da ginnastica, bicicletta
1° piano: vestito, mocassini, camicia, pantaloni
piano terra: pere, macedonia in scatola, petti di pollo

14. 1. piazza, parco, stazione, banca, chiesa; 2. tabaccheria, libreria, cartoleria, distributore; 3. cappotto, cappello, borsetta, giubbotto; 4. svendita, sconto

Alma Edizioni
Italiano per stranieri

La **Grammatica pratica della lingua italiana** permette di esercitare la grammatica in modo completo ed efficace.

Presenta centinaia di esercizi, quiz, giochi, schede grammaticali chiare ed essenziali e degli utili test a punti che aiutano lo studente a verificare il livello di conoscenza della lingua.

Adatto a tutti gli studenti dal principiante all'avanzato. Sono incluse le soluzioni.

Le parole italiane presenta moltissimi esercizi e giochi per l'apprendimento del lessico.

La prima sezione studia le parole dal punto di vista tematico (famiglia, casa, mangiare e bere, sentimenti, ecc), la seconda è dedicata alla "grammatica del lessico" (formazione delle parole, alterazione, nomi irregolari, sinonimi e contrari, prefissi e suffissi, ecc.)

Adatto a tutti gli studenti dal principiante all'avanzato. Sono incluse le soluzioni.